AF522779

Irdischer Durst

Anne Carson

Irdischer Durst

Aus dem kanadischen Englisch
von
Marie Luise Knott

Matthes & Seitz Berlin

Für Ben Sonnenberg
den Herrn des ersten Wassers

TEIL I
Mimnermos: Die Hirnsex-Bilder

Fr. 1

Was ist Leben ohne Aphrodite?

Indem er seine Leitfrage stellt, erscheint er als
unbändiger Hedonist.

Hinein in deinen Honigtöpfchenschaft mit ihrem Erz – sonst
Tod? denn ja
wie wonnig ist es in ihr zu schwimmen das verstohlene
Schwimmen
Von Männern und Frauen aber (nein) schon
härtet sich Nachthaut darüber (nein) schon Bandagen
Verkrustet mit Altmännergeruch (nein) schon
Schwarz geworden die Schale kein Freund kein Knabe keine Frau
keine Sonne (nein) keine (nein)
Sporen (nein) sobald
Gott kein schroffes Nichts seine Faust
um dich schließt.

Fr. 2

Wir alle wie Blätter

Er vergleicht (in der Nachfolge von Homer) die Menschen mit Blättern.

Wir alle wie Blätter in seinem Schock:
        Frühling –
ein stumpfer Goldsprung und du bist da.
        Siehst du die Sonne? – Mein Werk.
Als Jüngling. Die Moiren im Eck schlugen mit den Schwänzen.
        Aber (lass mich nachdenken) hatte ich nicht
in einem Hotel in Chicago mein erstes – *mein Körper lief aus dem Zimmer*
        versessen auf irgendeine tödliche Besorgung
und ich oben an der Decke in irgendeinem Verlöschen begriffen –
        dieser Hirnsex-Bilder wie ich sie nannte?
In jenen Tagen als ich (gewissermaßen) malte.
        Erinnerst du dich an
diese grandios gute Schokolade die wir im (damaligen)
        Ostberlin bekamen?

Fr. 3

Wenn er auch früher der Schönste war

Er sieht das Alter herannahn.

Ja Liebling es ist heute und auf ewig jetzt was für ein Schatten
entzippt
dein kinderfingriges Woher?

Fr. 4

An Tithonos (Gottes Gabe)

Für den armen Tithonos.

Sie machten (einerseits) seine kühlen Tränen unsterblich
doch vergaßen sie ihm zu sagen
dass seine Augen es nicht waren.

(853 ff.)

Fr. 5

Ein plötzlicher unaussprechlicher Schweiß fließet
meine Haut hinab

Er schaut, vielleicht ein Vorwurf.

Schweiß. Nichts als Schweiß. Aber ich beobachte sie gern.
Die Jugend ist ein Traum den ich jede Nacht aufsuche
dann liege ich wach mit nichts als diesem kleinen hüpfenden
Strauß Adern
in meiner Hand.
Hart, Liebling, so hinter deren Grenzen verbannt.
In jedem Auge einen Stein zu tragen.

Fr. 6

Zwischen Euch und mir lasset Wahrheit sein

Trotz seiner zur Schau getragenen Verehrung von Jugend
und Genuss kennt er moralische Überlegungen.

Beim Grenzübertritt hörte ich nur deinen Herzschlag
und wie der Wind an meinem Ohrknochen entlangkämmte
als Antimaterie.

Fr. 8

Denn der Sonne Los ist Mühsal alle Tage

Er schaut auf den Mythos.

Schau: jeden Knochen jeden Himmel jeden Tag jedes Du hinauf –
Er geht zur Arbeit Seinen
Weg die blauen Ohrläppchen des Ozeans hinauf er geht
rosenplötzlich ausgesandt von jemands
schon morgen er geht Sein tagseitig goldwärts geneigtes Bett
reiten er streift dahin
über Schlafländer von West nach Ost bis plötzlich
rosengestoppt jemands
schon frühmorgens den Uhrrücken öffnet. Er
tritt hinein.

Fr. 11

Würde jene Macht des Todes mich ereilen

Er singt von Geburtstagen.

Nicht Krankheit nicht traumflache Hungerfelder nur ein Pochen
am Tor
im dreimalzwanzigsten Jahr: vorüber.

Fr. 12

Als die Berge seitwärts tauchten

Er berichtet über das vom Festland kolonisierte Kolophon.

... Als von Pylos aus die Berge seitwärts tauchten
gelangten wir auf Schiffen nach Asien
nach Kolophon meißelten uns des Wegs
siedelten wie harte Knoten
dann von dort
bohrten wir einen Schlitz
in den roten Strom der Dämmerung und
sahen in Smyrna
Gott.

Fr. 13a

Jene also von des Königs Seite

Er sieht die Krieger sich bewegen.

Jene also von des Königs Seite stürzten los als sie den Befehl
erhielten – in ihre eigenen Hohlschilde eingegossen.

Fr. 14

Keiner wie Er

Er schaut auf die Erinnerung.

Keiner wie:
unter den störrischen Stieren keiner wie an den tödlichen
Ufern des Hermos.
Keiner.
Jene Älteren die ihn sahen sahen die Ausgangspunkte.
Ein Stachel in Gottes Fleisch.
Es heißt sein Rückenmark floss geradewegs aus der Sonne herab.

Fr. 15

Wörter verwirren ihn.

... in der Öffentlichkeit verklumpten sich die Wörter in ihm.

Fr. 16

Verwirrt.

… immer wollten sie das Hartwort *Box.*

Fr. 22

Halbmond

Er wacht früh auf.

Halbmond durch die Pinien im Morgengrauen
so gestochen wie der Rippenbogen eines Mädchens.

Fr. 23

Warum macht ihn Bewegung traurig?

… ein lahmer Mann kennt den Sexakt am Besten …

Mimnermos und die Wandlungen des Hedonismus

> Ich kann schwimmen wie die andern, nur habe ich ein besseres Gedächtnis als die andern, ich habe das einstige Nicht-schwimmen-können nicht vergessen. Da ich es aber nicht vergessen habe, hilft mir das Schwimmen-können nichts und ich kann doch nicht schwimmen.
>
> Kafka

Sein Thema ist die Neuverortung jener Substanzen, die unser Menschsein ausmachen. Manche nennen es Hedonismus. Das ist, als würden wir Kafka zusammenfassend als schlechten Schwimmer bezeichnen. Wenn wir uns das ganze somatosensorische System von Mimnermos' Dichtung vor Augen führen, sehen wir tatsächlich in den Fenstern abwechselnd Knaben und Fleisch und Sonnenuntergänge und Frauen und die blauen Lippen des Ozeans leuchten. Tatsächlich mag er es, in jedes Gedicht die Sonne hineinzuholen. Doch der Dichter hat die Aufgabe, so Kafka, das isolierte Sterbliche in das unendliche Leben, das Zufällige in das Gesetzmäßige hinüber zu führen. Mimnermos' Sonnen verströmen das Licht der Gesetze, die uns an alles binden, das leuchtet. Und das erste unter ihnen ist die Zeit.

Auch wenn er das Wort kaum verwendet, wimmelt es in all seinen Versen davon. Die Zeit wirbelt durch Landschaften und durch die ihr ergebenen Menschenleben, endlos macht sie allem ein Ende. Du hast dieses Zittern der Zeit schon bei van Gogh gesehen, als Bewegung innerhalb der Farbenergie. Es bewegt sich in Kreisen (nicht Linien), die sich mit einer Art biologischer Unausweichlichkeit Raum schaffen, wie Mimnermos' wiederkehrende Metapher von menschlicher Jugend als einer blühenden Pflanze oder Frucht.

Diese Pflanzen wachsen wie das Licht, denn ihr Leben ist ein langer Tag, der »weder gut noch böse kennt« (Fr. 10), bis plötzlich die Sonne über den Rand schlüpft und alles finster wird. Statt Wörter für finster zu benutzen, verwendet er Ereignisse: Tod, Alter, Armut, blinde Augen, unbewohnte Räume, entleerter Geist. Es ist, als *erfände* die Finsternis diese Übel, als geschähen diese Übel nur, weil das Licht verloschen ist. Wenn du in seinen Gedichten von der Sonne in den Schatten wechselst, kannst du spüren, dass dir der Unterschied wie kaltes Wasser den Schädel herabläuft. »Kommt aber dieses Ende der schönen Zeit, ist tot zu sein besser als das Leben.« (Fr. 2)

Sonne ist die einzige Kraft, die aus sich heraus pulsiert. Während die Vergänglichkeit uns übrige völlig beherrscht, fährt Helios die Sonne als eine Schale über den Himmel. (Fr. 8) Ungerührt tut Mimnermos so, als bemitleide er den Gott um diese endlose Bewegung. Das sollte uns etwas über seinen Hedonismus lehren.

Denn er selbst erwähnt nur zwei Freuden, ohne sie als Freuden zu bezeichnen: In Mimnermos' Dichtung gibt es keinen Wein, kein warmes Bad, kein rennendes Tier, keine Kirschen noch Seide noch zartblaue Knochen, keine Würfelspiele noch ausgelassene Sangesgelage. Alles ereignet sich drunten, jenseits der Welt, irgendwo in einem Zustand regloser Replik, wie ein Kind, das sich durch die Nacht schwatzt. Bewegung kann enden, staunt er. Sein Hedonismus muss eine Ader getroffen haben, die seine Lebenszeit durchströmte – eine Art Hunger nach den Bewegungen des Ichs, nach dem wir immer noch graben, auch wenn unser Tun längst seine Frische eingebüßt hat. Es wird von zwei Seiten zugleich heimgesucht, die wir, um unser hedonistisches Kalkül zu rechtfertigen, Freuden nennen. Sex und Licht. Wir wollen uns anschauen, wie sie ihn bewegen.

Er »gelangte zur Blüte« (*floruit*, wie antike Biografen es nannten) in der siebenunddreißigsten Olympiade (632–629 v. Chr.). Der Überlieferung zufolge stammt er aus der Stadt Kolophon in

Kleinasien oder aus der Stadt Smyrna etwas nordwestlich von Kolophon oder aber von einer Insel namens Astypalaia im südägäischen Meer (aber/astypalaia/ bedeutet »alte Stadt« und ist vielleicht eine Wendung aus einem Gedicht, das sich nicht erhalten hat). Kolophon war vor dem 8. Jahrhundert vom griechischen Festland aus als Kolonie gegründet worden und nach der Einnahme Smyrnas zum größten Stadtstaat in Ionien aufgestiegen. Mimnermos berichtet einige dieser Ereignisse in Fr. 12, aber nicht in der Art eines Historikers. Man erfährt weder, wer dieses »wir« im Gedicht sein soll, noch, wie wir uns diese Jahrhunderte vorzustellen hätten, die an uns vorüberfliegen wie ein Nachrichtenclip. Aber genau darum geht es ihm.

Auch in Fr. 14 sehen wir Ereignisse aus verschiedenen Epochen durch einen raschen, lichten Nebel aus Anspielungen auf Kriege und frühere Generationen. Vielleicht ist es ein Gedicht über Gyges von Lydien, der im frühen siebten Jahrhundert das Hermos-Tal gegen Smyrna und Kolophon unterwarf. Vielleicht ist es auch ein Ruf zu den Waffen gegen Alyattes' Angriffe auf Smyrna im letzten Jahrzehnt desselben Jahrhunderts. Mimnermos sagt, er habe durch seine Vorfahren von diesen Vorfällen gehört. Doch wer ist dieser unvergleichliche Mann, der im Hermos-Tal kämpfte? Sein Vater? Großvater? Oder ein anderer Fußstapfen der Familiengeschichte? Vielleicht frei erfunden? Wie dem auch sei, Mimnermos ist an historischen Bezügen schlicht desinteressiert. Er lässt diese glänzende Erscheinung durch die Zeit wandeln wie eine Nadel, welche jene zwei Momente zusammennäht, aus denen Nostalgie gemacht ist. Das *Damals* und das *Jetzt*. Sein Thema ist die Tatsache, dass wir nicht mehr im Licht stehen (wenn wir nach ihm suchen). Sofern wir von Mimnermos' Hedonismus sprechen, können wir uns als Wissen darauf beziehen.

Oder wir könnten sagen, das genau sei der Unterschied, den der Hedonismus hervorbringt: Freude und Liebe und Genuss im Schoß jenes Lichts anzusiedeln, »das weder gut noch böse kennt«, bringt Wissen in die Finsternis. Mimnermos unterstellt diesem wissenden Augenblick eine Hirnchemie aus blanker Verletztheit und chronischer Verzweiflung. Wenn Mimnermos *das Licht sieht,* ist es aus seinen Augen vergangen – so vergangen wie für Jason in Fr. 7 die Widersacherstraße, wo Helios, der Sonnengott, und alles Licht der Welt in Gegenwirklichkeit zu uns gelagert liegen. »... noch hätte« beginnt das Fragment. Noch hätte der mechanische Tod der Augenblicke uns brüllend angefallen als Finsternis, hätten wir nicht aufgehört, das Licht zu suchen.

Oder hören wir auf, weil das Licht längst erloschen ist? Mimnermos erörtert philosophische Fragen nur technisch. Schau, wie in Fr. 1 das beschwerliche Alter das Leben von Männern und Frauen verfinstert. Der Sexakt dieser wonnigen Wesen wird radikal unterbrochen von einem unvorhergesehenen metrischen Ereignis. Genau in der Mitte des Gedichtes, das aus zehn Versen in fünf elegischen Zweizeilern besteht, durchschneidet Zeit das Fleisch der Erzählung: »Wenn aber das grämliche Alter ...«. Eine ungewöhnliche Zäsur, eine bemerkenswert nonlineare Psychologie. Wir sind gerade mal halb durch den zentralen Vers unserer Jugend, da sehen wir uns plötzlich beim Schwarzwerden zu. Wir hatten gelernt, dass elegische Verse nach festen Regeln von Bewegung und Kollision gebaut sind (etwa: »der daktylische Hexameter vermeidet Wortenden in der Versmitte«), aber hier stoßen die Regeln auf Widerstand. Wir hatten uns verführen lassen zu der Annahme, wir seien unsterblich, und plötzlich ist das Abenteuer vorüber.

Nimm etwa Tithonos (Fr. 4), dessen Vertrauen in die Institutionen Sterblichkeit und Gabentausch ihm eine Antwort auf eine Frage einbrachte, von der er nicht gewusst hatte, dass er sie stellte (noch hätte stellen wollen). Die Geschichte ist so bekannt, dass Mimnermos kaum auf ihren Inhalt anspielt: Von der Göttin der Dämmerung verführt, erhielt der junge und schöne Tithonos von ihr das Versprechen der Unsterblichkeit, doch vergaß er dabei, dass menschliches Leben nicht gleichbedeutend ist mit Jugend. Tithonos' Liebe zum ersten Licht wurde also nicht belohnt, sondern mit ewigem Alter bestraft. Wie die wonnigen Männer und Frauen aus Fr. 1, die sich zu spät um die Länge ihrer Schatten sorgen, strandet Tithonos an einer Formalität. In seinem Fall gestaltet Syntax, nicht Metrik das menschliche Dilemma. Das Gedicht beginnt in der ersten Hälfte mit einer äußerst üblichen griechischen Konstruktion: Um einen ausgewogenen Satz oder eine zweigliedrige Bemerkung zu schaffen, wird gewöhnlich die Partikel »men« (einerseits) mit der Partikel »de« (andererseits) verbunden. Man erwartet deshalb hier, dass im nächsten Moment eine andere Seite von Tithonos Geschichte zum Vorschein kommt, eine, die ihn über die Versteinerung hinwegtrüge. Traurigerweise geschieht dies jedoch nicht. Das Fragment könnte natürlich unvollendet sein. Aber das genau ist Tithonos dann auch.

Denken wir uns Unvollendetheit als ein Verb. Jedes Verb hat eine Zeitform, es findet notwendig in der Zeit statt. Doch es gibt Wege, diesen Regeln zu entgehen. Im griechischen Verbsystem gibt es eine Zeit, die Aorist heißt (was »unbegrenzt« oder »zeitlos« meint) und jenen Aspekt eines Tuns erfasst, in welchem beispielsweise ein Mann Punkt Mittag auf seinem eigenen Schatten läuft. So nutzt Mimnermos in Fr. 13a ein Aoristpartizip, um zu beschreiben, wie Männer sich im Krieg bewegen. Wie Akrobaten jener psychischen Fehlanstrengung, die wir Geschichte nennen, schweben Krieger qua ihres Kriegerseins über dem Augenblick, an dem Handeln endet. Sie sind das Gefäß einer Ladung, die sich als Spur der eigenen Deutung selbsttätig auf die Nachtseite katapultiert. Den Dichter Mimnermos treiben Anfänge und Enden um, aber nicht in der üblichen Weise – er verehrt den Mittag als Studie über das wahre Schwarz: »eingegossen«.

Bei Mimnermos gibt es keinen Nachmittag. Betrachten wir seine Unterscheidung zwischen Jugend und Alter als Klangspiel: Wiederholt verwendet er für die Beschreibung des Alters das

Adjektiv *argaleon*, das »beschwerlich« meint und klingt wie ein Steinschlag in einer trockenen Schlucht. Demgegenüber steht etwa in Fr. 1 das Adjektiv *harpaleon,* das »wonnig« meint und klingt, als würde eine Forelle verstohlen den Strom hinabgleiten. Es wäre herzlos herauszustellen, dass abgesehen von einem einzigen Konsonanten und dem gehauchten Anfangslaut beide das gleiche Wort sind. Wenn das weiche p von *harpaleon* zum Harten g von *argaleon* wird, versteinern alle Bewegungen des Tages in den soliden Seelenschaden der Naturbedingung. Hedonismus liegt nicht jenseits davon, sondern *davor* – bereits verwirkt.

Wie Sex ist Licht erst dann eine Frage, wenn du im Finstern stehst. Mimnermos gibt keine Antwort. Sondern (denn er ist schließlich ein Forscher) eine Auslegung: »ein lahmer Mann kennt den Sexakt am besten« (Fr. 23). Es heißt, dass er diesen Satz, in den seriösen Ausgaben meist unter *dubia et spuria* aufgeführt, eines Sommers auf einer Reise durch die Schwarzmeerregion von den Amazonen lernte. Ja, damals gab es noch Amazonen und wahre körperliche Lust. »Du bist ihr Erz«, sagte eine der großen Frauen zu ihm an dem Tag, als er fortging.

Die Mimnermos-Interviews (I)

M: Ich wunder mich dass Sie den ganzen Weg gekommen sind

I: Was für ein Sumpfloch

M: Sie mögen keinen Regen

I: Nein fangen wir an können wir mit Ihrem Namen anfangen

M: Nach meinem Großvater benannt

I: Dem Krieger

M: Dem großen Krieger

I: Können Sie uns etwas über ihn erzählen

M: Er liebte Gewitterstürme Oliven und die wilderen Aspekte des Lebens hienieden Und Kriege

I: *Keiner wie er* handelt von ihm

M: Ich müsste jetzt zustimmen aber Sie wissen ja ein Großteil ist erfunden nackt kämpfen und so

I: Ich verstehe den Text den wir haben als eine Art Proöm zu einem deutlich längeren Werk

M: Nun ich weiß nicht was man bei Ihnen heutzutage so liest amerikanische Verlage haben mitunter merkwürdige Ideen

I: Ich glaube die Standard-Ausgabe

M: Ärgern Sie sich nicht

I: Ich ärger mich nicht bin nur pflichtbewusst

M: Wie Moos

I: Was für ein komischer Vergleich haben Sie je eine Psychoanalyse gemacht

M: Nicht dass ich wüsste warum fragen Sie

I: Moos heißt mein Analytiker

M: In New York

I: Ja

M: Ist er gut

I: Sie ja sehr gut sie durchschaut mich

M: Zu meiner Zeit stand Blindheit höher im Kurs

I: Mystisch

M: Ich glaube ein Wort wie mystisch gab es bei uns nicht wir hatten Götter und Götternamen die sprichwörtlich waren zum Beispiel »versteckt in Zeus Hudensack (sic!)«

I: Das würde Doktor Moos gefallen darf ich Sie zitieren

M: Ah die perfekte Zuhörerin ja ich habe immer geträumt sie eines Tages zu finden

Die Interviews (2)

I: In den letzten zehn Jahren haben verschiedene Quellen wiederholt darauf hingewiesen dass die westliche Welt am Beginn einer spirituellen Wiedergeburt steht also sich die Haltung gegenüber den Werten des Lebens nach einer langen Phase äußerer Expansionen derzeit fundamental wandelt und wir anfangen in unser Inneres zu sehen können Sie uns etwas dazu sagen

M: Geheimnisse bewahren mich davor mich aufzulösen

I: Wie meinen Sie das

M: Meine separate Existenz drunten jenseits der Welt

I: Sie glauben also an das Unbewusste

M: Morgens mit dem ersten Bläuen des Himmels sehe ich die Menschheit die über Abermillionen Menschen bis zu einer Zeit noch vor meinem Großvater zurückreicht durch meine Wohnung strömen

I: Als Hinweis dass die Seele lebt

M: Nein eher als Grund wir alle fangen unten an und fragen uns unseren Weg hinauf

I: Träume geben uns mehr als wir erwarten

M: Ich spreche nicht von Träumen niemands Träume taugen irgendwem anders

I: Warum

M: Sie sind nur Versuche eine Versuchsoberfläche

I: Auch dafür braucht es zumindest so etwas wie ein Ordnungsbemühen

M: Nur eine Stätte hat statt

I: Meinen Sie das ernst

M: Ein Telefon das klingelt in einem leeren Haus

I: Warum soll man nicht drangehen

M: Stimmt warum nicht in Bewegung bleiben jede Grabschrift meint die Vorübergehenden aber die Zeichen sind eine Falle Trauern ist irrelevant ich kannte einen Mann der träumte sein Rücken sei aus Glas und traute sich sieben Monate nicht sich hinzusetzen

I: Freud sagt ein Traum ist entweder ein Wunsch oder ein Gegenwunsch

M: Gerissen

I: Oder eine Tarnung beider

M: Nun irgendwann muss jemand ein Boot ein Boot nennen man kann nicht alles zerinnern

I: Zerinnern

M: Entschuldigung ich meinte erinnern

I: Auch Freud wurde nach seinem Großvater benannt

Die Interviews (3)

I: (Bandrauschen) .... etwas über Ihren intellektuellen Hintergrund *Wo kommt er her?* usw. völlig verständlich

M: Wonach graben Sie

I: Nanno

M: ——

I: Wer ist diese Person diese Kluft dieser verlorene Vorfall

M: ——

I: Athenaios' Behauptung dass Sie sich im Alter in ein Flötenmädchen dieses Namens verliebten hat etwas ziemlich Zweideutiges

M: ——

I: Kallimachos spricht von Nanno oder »der großen Frau« als wäre es ein Epos über die Gründung von Kolophon diesen Bezug versteht niemand

M: ——

I: Strabo sagt Sie hätten einer Sammlung von Liebesgedichten ihren Namen gegeben

M: ——

I: Foucault spricht vom Ungedachten als einer Grenze innerhalb derer alles tatsächliche Wissen produziert wird ich spinne mal herum vielleicht könnten wir Nanno als eine Art erkenntnistheoretische Strategie verstehen müssten wir eine Nanno-Logik suchen

M: ——

I: Träumen Sie von ihr

M: Nein ich träume von einem Scheinwerferlicht das in einer kalten Frühlingsnacht durch den Nebel sickert

I: Jetzt sind *Sie* verärgert

M: Ich bin nicht verärgert ich bin ein Lügner erst jetzt verstehe ich langsam was meine Unaufrichtigkeit ist was Verachtung ist je näher ich komme desto weniger Hoffnung gibt es für eine Person meines Schlags ich kann Ihnen keine Fakten nennen ich kann meine Geschichte nicht aus dieser oder jener bitteren Wahrheit herauskristallisieren und mich kopfüber in die Komposition irgendwelcher Miniaturkosmen stürzen um die Lücken in Ihren Frage- und Antwort-Phasen zu füllen nicht dass Sie mir nicht leid täten nicht dass ich nicht verstünde dass ihr Menschengesicht mir aus irgendeinem Grunde zulächelt nicht dass ich nicht wüsste dass es jetzt einen Interpretationsakt bräuchte durch den wir alle an die Grenzen der diesem Tun inhärenten Logik vordringen könnten und über den Rand hinausschauen aber jedes Mal wenn ich anfange jedes Mal zu jeder Zeit wenn ich jedes Mal wissen Sie müsste ich die Geschichte noch einmal ganz von vorne erzählen oder eben lügen also lüge ich einfach ich lüge wer sie sein mögen wer sind die Geschichtenerzähler wer ist in der Lage eine Geschichte enden zu lassen

I: Sie sehen aus als sei Ihnen kalt kommen Sie näher ans Feuer

M: Sie stand morgens immer als Erste auf und machte Feuer es erstaunte mich es gibt nicht viele Freundliche unter den Jungen

I: Aber sie war nicht ihr Thema ich meine poetisch

M: Ich verfasste ihre Grabinschrift

I: Die kenne ich glaube ich nicht

M: Sie wurde nie veröffentlicht die Familie wollte nicht

I: Ich kann mir nicht vorstellen dass Sie

M: Nein

I: Aber

M: Nein

I: Ich wollte Sie kennenlernen

M: Ich wollte weit mehr

TEIL II
Kurze Reden

Einführung

Eines Frühmorgens fehlten Wörter. Davor waren keine Wörter. Tatsachen ja, Gesichter ja. In einer guten Geschichte, erzählt uns Aristoteles, ergibt sich alles, was geschieht, aus etwas anderem. Eines Tages merkte jemand, dass es Sterne gab, aber keine Wörter, warum? Ich habe eine Menge Leute gefragt, ich denke, es ist eine gute Frage. Auf den Feldern sah ich drei alte, gebeugte Frauen. Wozu befragen Sie uns, sagten sie. Nun, es wurde schnell klar, dass sie alles wussten, was man wissen kann über schneeweiße Felder, blaugrüne Sprossen und über die Pflanze namens »Audacity«, Wagemut, die Dichter irrtümlich für Veilchen halten. Ich begann, alles, was gesagt wurde, aufzuzeichnen. Die Spuren stellen einen Augenblick Natur her, ohne die Langeweile einer Geschichte. Seien Sie versichert, ich werde alles tun, damit keine Langeweile aufkommt. Eine lebenslange Aufgabe. Man kann nie genug wissen, nie genug arbeiten, Infinitive und Partizipien nie seltsam genug einsetzen, eine Bewegung nie schroff genug vereiteln, einen Gedanken nie schnell genug verlassen.

In 53 Faszikeln zeichnete ich auf, was gesagt wurde, weit auseinanderliegende Dinge. Tag für Tag las ich die Faszikeln zur gleichen Zeit, bis gestern Männer kamen und die Faszikeln an sich nahmen. In eine Kiste packten. Verschlossen. Dann besahen wir gemeinsam die Landschaft. Ihre Anweisungen waren glasklar, ich solle einen Spiegel mimen, wie Wasser (aber Wasser ist kein Spiegel, und es ist gefährlich, das zu denken). Tatsächlich wartete ich die ganze Zeit, dass sie gingen, damit ich anfangen konnte, die mir fehlenden Teile einzufügen. So sind mir 3 Faszikel geblieben (die ich versteckte). Was genau möchte ich festhalten? Aristoteles spricht von Wahrscheinlichkeit und Notwendigkeit, aber wozu gibt es Wunder und wozu Geschichten, wenn keine Giftdrachen darin vorkommen? Nun, man kann nie genug tun.

Über *Homo Sapiens*

Mit kleinen Schnitten verzeichnete der Cro-Magnon-Mensch die Mondphasen auf den Griffen seiner Werkzeuge, so dachte er beim Arbeiten an ihn. Tiere. Horizont. Gesicht in einem Wasserbecken. In jeder Geschichte, die ich erzähle, kommt ein Moment, an dem ich nicht weitersehe. Ich hasse diesen Moment. Darum bezeichnet man Geschichtenerzähler als blind – ein Hohn.

Über Hoffnungen

Ich hoffe, bald in einem Vollgummihaus zu leben. Denk nur, wie schnell ich von einem in den nächsten Raum gelangte. Ein beherzter Sprung und du bist da. Ich habe einen Freund, dem im Krieg beide Hände von einer Feuerbombe weggeschmolzen sind. Jetzt muss er neu lernen, beim Abendessen das Brot zu reichen. Lernen ist Leben. Ich möchte ihn übrigens heute Abend einladen. Lernen hat die gleiche Farbe wie Leben. Solche Dinge sagt er.

Über Chromo-Luminarismus

Sonnenlicht verlangsamt Europäer. Schau nur all diese verzauberten Menschen bei Seurat. Schau, wie versunken Monsieur dasitzt. Wohin geht ein Europäer, wenn er sich »in Gedanken verliert«. Seurat, der alte Blender, hat diesen Ort gemalt. Er liegt am anderen Ufer der Aufmerksamkeit, eine lange laue Bootsfahrt von hier entfernt. Dort ist es eher Sonntag als Samstagnachmittag. Seurat klärte das auf seine Weise. *Ma méthode*, nannte er's, leicht gereizt, als wir ihn fragten. Sein Blick erhaschte uns, als wir durch kühlgrüne Schatten streiften, wie Ehebrecherinnen. Der Fluss öffnete und schloss seine Steinlippen. Presste Seurat an sie.

Über Geishas

Das Thema Geishas und Sex war schon immer komplex. Einige tun's, andere nicht. Tatsächlich waren, wie du weißt, die ersten Geishas Männer (Narren und Trommler). Ihr pikantes Geplapper brachte die Gäste zum Lachen. Aber um 1780 stand Geisha für »Frau« und die mondänen Teehausbetriebe unterlagen staatlicher Aufsicht. Einige Geishas waren Künstlerinnen und nannten sich »Weiße«. Andere mit Spitznamen wie »Katze« oder »Akrobatin« bauten jede Nacht Verschläge im weiten Flussbett und verschwanden im Morgengrauen wieder. Hauptsache eine, nach der du dich verzehrst. Ob die Bettdecke lang genug oder die Nacht zu lang war oder ob du diesen oder jenen Schlafplatz zugewiesen bekamst, eine, auf die du warten kannst, bis sie kommt und das Gras zittert, eine Tomate in der Hand.

Über Gertrude Stein
Gegen 9:30 Uhr

Wie merkwürdig! Ich hatte keine Ahnung. Heute ist vorüber.

Über seine Zeichenkunst

Oft ermutigte er mich, durchs Studio zu laufen. Gab mir keine Haltung vor. Schaute beim Zeichnen nicht aufs Papier. Zeichnete auf dem Boden. Folge den Linien, sagte er oft, achte auf die Umgebung. Ein dünner Arm macht ein Gesicht trauriger. Wenn er Schatten beschrieb, wurde er klein, listig.

Über Behausung

Hier, was du tun kannst, wenn du kein Haus hast. Trag mehrere Hüte – vielleicht drei oder vier. Fällt Regen oder Schnee, zieh aus, was nass wird. Zweitens, Hausbesitzer zu sein, ist eine Frage der Rituale. Rituale funktionieren hauptsächlich, um horizontal von vertikal zu unterscheiden. Mit »aufstehen« beginnst du den Tag im Haus. Am Abend »legst« du dich »nieder«. Wenn der alte Tio Pedro zum Tee vorbeikommt, »hebst du die Stimme«, denn mit seinem Hören »geht es bergab«. Wenn seine Frau dabei ist, möchtest du sicher sein, dass Küche und Salon »aufgeräumt« sind, um nicht in ihrem Ansehen zu »sinken«. Wenn du siehst, wie die beiden dicht an dicht auf der Couch sitzen und eine Zigarette rauchen, spürst du, wie dir »das Herz aufgeht«. Diese Muster von Auf und Ab kannst du auch ohne Haus wiederholen, in vertikalen und horizontalen Mustern auf Kleidungsstücken. Die Linien sind leicht herzustellen. Hüte brauchst du nicht besonders zu verzieren, sie »stapeln sich« auf deinem Kopf, hoch hinaus, *qua* Hutsein, sofern du meine ursprüngliche Anweisung verstanden hast.

Über Enttäuschungen in der Musik

Prokofjew war krank und konnte nicht zur Aufführung seiner Ersten Klaviersonate, die ein anderer spielte. Er hörte sie über das Telefon.

Über Reiserouten

Ich reiste an einen abgewrackten Ort. Drei Tore gafften, und ein Zaun war im Zerfall. Nichts war im Besonderen abgewrackt. Ein Ort entstand und zerkrachte. Blieb abgewrackt. Licht flutete herab.

Darüber, warum manche Leute Züge aufregend finden

Wegen der Namen Northland Sante Fe Nickle Plate Line Delta Jump Dayliner Heartland Favourite Taj Express, wegen der langen, erleuchteten Fenster, der Plüschsitze, der Raucherabteile, der Schlafwagen, der Fragen beim Abschied, der französischen Dame, die mich vom Gang aus beobachtet, was weiß man schon, wegen der kleinen an- und ausschaltbaren Lämpchen die oben im Dunkeln leuchten, wegen des bäckchenschonenden Umblätterns der Seiten, natürlich habe ich zu Hause auch eine zuverlässige, wegen der blauen Betriebsbahnhöfe, der roten Lichtschalter, der ungeöffneten Schokoladentafel, der merkwürdigen, verkrumpelten Knöchelsöckchen, der 130 Kilometer pro Stunde, der schwarzen Bäume, die sich vor Brücken stauen und vorbeirauschen, und der Lesebrille, mit der sie aussah wie Racine oder Baudelaire, *je ne sais plus lequel,* und die ihr ihre Schatten in den Mund stopften, *qui sait même qui sait.*

Über Forelle

Im Haiku gibt es, so erzählt es Kawabata, verschiedenartige Bezeichnungen für Forellen – mir sind bisher »Herbstforelle«, »Wanderforelle« und »Rostforelle« untergekommen. »Wanderforelle« und »Rostforelle« sind solche, die ihre Eier schon abgelegt haben. Ausgemergelt, völlig erschöpft schwimmen sie ins Meer. Natürlich gab es immer schon vereinzelt Forellen, die in tiefen Wassermulden überwinterten, fügt Kawabata hinzu. Diese nannte man »Standforellen«.

Über Ovid

Ich seh ihn dort in einer Nacht wie dieser, nur kühl, durch schwarze Straßen bläst der Mond. Ovid isst zu Abend und geht zurück auf sein Zimmer. Das Radio steht auf dem Boden. Aus der grünglimmenden Skala plärrt es leise. Er setzt sich an den Tisch; Menschen im Exil schreiben so viele Briefe. Jetzt weint er. Jede Nacht um diese Stunde hüllt er sich in Trauer wie in ein Gewand und schreibt weiter. In seiner übrigen Zeit bringt er sich die Landessprache (Getisch) bei, um darin ein Epos zu komponieren, das niemand je lesen wird.

Über Autismus

Sie kann kaum hören, was der Doktor sagt, es ist eine große grauhaarige freundliche Dame, die Sprache ein Brummen Blühen Bocken Balgen Bumerang Bowlerhut. Bruder? Erzähl mir von deinem Bruder. Von der Spitze des Bleistiftes, *Was eigentlich isst es, Licht?,* spaltet ein Schrei, schriller als der einer Ratte, ihre Rückwand in *Was eigentlich isst* springblau auf und grabscht und schneidet sich an der Wurzel frei, treibt auf das Waylandhäutchen zu, wo *Was eigentlich* umherschweift, und die Klinge birst, ihr *Was* das ganze Leben lang im Gespräch sich türmt und *isst* das *isst* am Leben hielt, irgendwo im Central Park, wo jeder *isst isst isst,* wo keiner weiß, was *kaputt isst, Licht.*

Über Parmenides

Wir brüsten uns, wie zivilisiert wir sind. Doch was, wenn alle Dinge völlig anders hießen. Italien zum Beispiel. Ich habe einen Freund namens Andreas, ein Italiener. Er hat in Argentinien und in England gelebt, auch in Costa Rica. Überall, wo er lebt, lädt er Leute zum Abendessen ein. Eine Menge Arbeit. Artischockenpasta. Pfirsiche. Sein sinniges Lächeln vergeht ihm nie. Was, wenn sich herausstellt, dass Italien eigentlich Brzoy heißt – wird Andreas dann weiter wie der ewige Mond mit seinem geliehenen Schein die Welt durchwandern? Ich fürchte, wir haben nicht verstanden, was er sagte, noch seine Gründe. Was, wenn er, wann immer er *Städte* sagte, *Täuschung* meinte, zum Beispiel?

Über Entjungferung

Lebenshandlungen gibt es nicht so viele: hineingehen, gehen, heimlich davongehen, über die Seufzerbrücke gehen. Und als du mich entehrtest, erkannte ich, dass auch Entehren eine Handlung ist. Es geschah in Venedig, die Stimmbänder schwellen davon. Ich lief dröhnend durch die Stadt, über und unter Brücken hindurch, aber du warst gegangen. Später am Tag rief ich deinen Bruder an. Was ist mit deiner Stimme?, fragte er.

Über Haupt und Neben

Zu den Hauptsachen gehören Wind, das Böse, ein gutes Schlachtross, Präpositionen, unerschöpfliche Liebe, die Art der Königswahl. Zu den Nebensachen zählen Schmutz, die Namen philosophischer Schulen, in Stimmung sein oder ohne, Pünktlichkeit. Alles in allem gibt es mehr Hauptsachen als Nebensachen, dennoch gibt es mehr Nebensachen, als ich hier notiert habe, aber sie aufzulisten entmutigt. Wenn ich mir vorstelle, wie du das hier liest, möchte ich nicht, dass es dich gefangen nimmt und du von deinem eigenen Leben abgetrennt wirst durch einen glasbespickten Maschendrahtzaun, grad wie Elektra.

Über die Regeln der Perspektive

Ein übler Trick. Fehlgriff. Unredlichkeit. So sieht es Braque. Doch warum? Braque war gegen Perspektive. Doch warum? Wer sein Leben lang Profile malt, so Braque, glaubt am Ende, dass der Mensch einäugig ist. Braque wollte Dinge ganz. Jedenfalls sagte er das in veröffentlichten Interviews. Mitanzusehen, wie viele Lichtschichten der Landschaft sich seinem Zugriff entzogen, erfüllte ihn mit Verlust, so zertrümmerte er sie. *Nature morte*, sagte Braque.

Über Le Bonheur d’Être Bien Aimée

Tag für Tag denk ich an dich, sobald ich aufwache. Jemand hat der Luft Vogelschreie aufgesteckt, wie Juwelen.

Über Brigitte Bardot

Brigitte Bardot ist auf der Pirsch. Was will sie, einen Sklaven?, um ihren Hunger zu stillen und für schöne Fotos? Wessen Sklave ist er? Das interessiert sie nicht, sie macht sich nie Vorwürfe. Wenn sie Öl nimmt, glänzt der Sklave. Perfekt. *La folie*, wird sie sich im Stillen sagen.

Über Richtigstellung

Kafka mochte es, wenn seine Uhr eineinhalb Stunden vorging. Felice stellte sie immer wieder richtig. Gleichwohl haben sie fünf Jahre lang fast geheiratet. Er listete Argumente auf, die für und gegen Heirat sprachen, inklusive seiner Unfähigkeit, den Ansturm des eigenen Lebens (für) und um 22.30 Uhr den Anblick der Nachthemden auf den aufgedeckten Betten seiner Eltern (gegen) zu ertragen. Ein Lungenblutsturz rettete ihn. Auf den Rat der Ärzte hin, nicht zu sprechen, bedeckte er den Boden im Sanatorium mit Sätzen aus Glas. Felice, besagt einer, hat noch immer zu viel Blöße in sich.

Über Vincent van Gogh

Ich trinke, sagte van Gogh, um den gelben Himmel, diesen weiten gelben Himmel zu verstehen. Beim Betrachten der Welt entdeckte er, dass die Farbe mit Nägeln an den Dingen haftet und dass die Nägel litten.

Über Schlafsteine

Camille Claudel lebte die letzten dreißig Jahre ihres Lebens in einer Anstalt, sie fragte sich, warum, und verfasste Briefe an ihren Bruder, den Dichter, der die Papiere unterzeichnet hatte. Komm mich besuchen, schreibt sie. Denk dran, ich lebe hier unter Wahnfrauen, die Tage sind lang. Sie rauchte nicht, randalierte nicht. Verweigerte das Bildhauern. Obwohl sie ihr Schlafsteine gaben – Marmor, Granit und Porphyr –, zerbrach sie diese, sammelte die Brocken und begrub sie nachts vor den Mauern. Nachts nämlich wuchsen ihre Hände, wurden größer und größer, bis sie auf dem Foto aussehen, als hätte ein Fremder zwei Körperteile auf ihren Knien abgelegt.

Über Rückwärtsgehen

Meine Mutter verbot uns, rückwärts zu gehen. So laufen die Toten, sagte sie. Wo hatte sie das her? Vielleicht aus einer schlechten Übersetzung. Tote laufen schließlich nicht rückwärts, wohl aber in unserem Rücken. Sie haben keine Lungen und können nicht nach uns rufen, aber hätten liebend gern, dass wir uns umdrehen. Sie sind Opfer der Liebe geworden, viele jedenfalls.

Über das Wasserdichtmachen

Franz Kafka war jüdisch. Er hatte eine Schwester, Ottla, jüdisch. Ottla heiratete einen Juristen, Josef David, nicht jüdisch. Als die Nürnberger Gesetze in Böhmen und Mähren eingeführt wurden, trug Ottla, die Schweigsame, Josef David die Scheidung an. Anfangs lehnte er ab. Sie sprach von Schlafschemen, von Eigentum, von zwei Töchtern und vom Vernünftigsein. Wo sie im Oktober 1943 starb, erwähnte sie nicht, da sie das Wort Auschwitz noch nicht kannte. Nachdem sie die Wohnung aufgeräumt hatte, packte sie einen Rucksack und Josef David polierte ihr die Schuhe blank. Verpasste ihnen eine Fetthaut. Jetzt sind sie wasserdicht, sagte er.

Über die Mona Lisa

Jeden Tag goss er seine Frage in sie, so wie man Wasser aus einem Behälter in einen anderen gießt, und es goss zurück. Erzähl mir nicht, dass er seine Mutter malte, oder Lust oder so. Es gibt einen Moment, da ist das Wasser nicht in dem einen und nicht in dem anderen Behälter – ein Durst war das, und er nahm an, dass er fortfahren würde, bis die Leinwand völlig leer wäre. Aber Frauen sind stark. Sie verstand etwas von Behältern, von Wasser und vom irdischen Durst.

Über das Ende

Was ist der Unterschied zwischen Licht und Blitz? Es gibt eine Radierung von Rembrandt namens *Die drei Kreuze*. Darauf erkennt man die Erde, den Himmel und den Kalvarienberg. Ein Augenblick regnet auf sie herab, die Bildtafel wird dunkler. Dunkler. Rembrandt weckt dich gerade rechtzeitig, dass du siehst, wie die Materie aus ihrer Form strauchelt.

Über Silvia Plath

Hast du ihre Mutter im Fernsehen gesehen? Sie sagte lauter ausgebrannte Dinge. Sie sagte, ich hielt es für ein großartiges Gedicht, aber es schmerzte mich. Sie sprach nicht von Urwaldangst. Auch nicht von Urwaldhass Wildwald Schluchzen hack es zurück hack es. Sie sprach von Selbstkontrolle, von Sackgasse. Sprach nicht vom Summen, das in der Luft hing, dein Ding hack.

Über das Lesen

Einige Väter hassen lesen, aber unternehmen liebend gerne Ausflüge en famille. Einige Kinder hassen Ausflüge, aber lesen liebend gerne. Merkwürdig, dass beide sich so oft in ein und demselben Auto wiederfinden. Ich erhaschte die umwerfenden, markanten Flanken der Rockies zwischen Absätzen von *Madame Bovary*. Wolkenschatten schweiften träge über ihre riesige Felskehle, zeichneten die Nadelwaldschenkel nach. Seit damals denke ich, wann immer ich Haar auf weiblichem Fleisch sehe, Laubabwerfend?

Über Regen

In der Nacht meines Weggangs war es schwärzer als olivenschwarz. Als ich seltsam froh an den Palästen vorbeilief, begann es zu regnen. Was für eine Idee – all die winzigen Gestalten! Ich wäre verloren, wenn ich sie zählen wollte. Wer hatte sie sich ausgedacht? Wie hatte er das den anderen beschrieben? Draußen auf dem Meer regnet es auch. Dort trifft es niemanden.

Über Vicuñas

Das Vicuña, sagenumwoben, lebt wohlig in den Vulkangegenden Nordperus. Licht donnert auf es herab wie Milton auf seine Töchter. Hörst du? – wie sie wispernd zählen? Hör hin, wenn du die Axt erhebst. Hufschläge. Wind.

Über die totale Sammlung

Seit seiner Kindheit träumte er davon, er könne auf seinen Brettern und Regalen alle Gegenstände der Welt aufreihen. Knappheit, Vergessen und sogar die Eventualität eines fehlenden Teils waren nicht vorgesehen. Noah verströmte Ordnung in blauen Dreiecken, und als seine Klassifizierungswut anschwoll und sein Leben verschlang, nannten die anderen, die darin ertranken, sie Wellen, eine Welt von ihnen.

Über Charlotte

Miss Bronte & Miss Emily & Miss Anne legten gewöhnlich nach dem Gebet ihr Nähzeug nieder und liefen zu dritt hintereinander im Kreis um den Tisch im Salon, bis kurz vor elf. So lang sie konnte, lief Miss Emily mit, und als sie starb, liefen Miss Anne & Miss Bronte weiter – und jetzt schmerzt mir das Herz, wenn ich höre, dass Miss Bronte alleine, ganz alleine weiterläuft.

Über sonntägliches Abendessen mit Vater

Wirst du diesen Stuhl wieder an seinen Ort stellen oder lässt du ihn dort, wo er aussieht wie ein Uterus? (Unser Balkon ist ein luftiger Juni-Balkon.) Soll dein von widerstreitenden Gelüsten verzerrtes Gesicht uns das ganze Essen vermiesen oder wirst du dich zusammenreißen, sodass wir zumindest den Nachtisch genießen? (Wir fixieren alle Gegenstände auf dem Tisch an den Ecken mit kleinen, festen Silberregeln.) Wirst du dir wieder den Mund an den Spechtsköpfen wundpicken wie jeden Sonntagabend, oder wirst du diesmal ruhig dabeisitzen, wenn Laetitia uns etwas auf der Klarinette vorspielt? (Mein Vater, der Zigarren der Marke *Dimanche Eternel* raucht, benutzte die Köpfe als Aschenbecher.)

Über nächtliches Jungsein

Jung, wie er war, umkreiste er nachts oft den Schrei. Der lag mit seiner Hitze und den fleischartigen Rosenbassins im Zentrum der Stadt und gaffte ihm entgegen. Schreckenslava schimmerte dem Jungen auf der Seele. So fuhr er und starrte.

Über die *Anatomische Vorlesung des Dr. Deyman*

Ein Winter so kalt, dass du, wenn du die Breestraat entlangliefst und wechseltest von der Sonne in den Schatten, meintest, der Unterschied liefe dir wie Wasser den Schädel herab. Das war im Hungerwinter von 1656, als der Schwarze Jan sich mit einer Hure namens Elsje Ottje zusammentat, und eine Weile ging es ihnen gut. Aber eines eisigen Januartages sah jemand, wie der Schwarze Jan in das Haus eines Tuchhändlers einbrach. Er rannte, fiel, erstach einen Mann und wurde am 27. Januar gehängt. Was ihm darauf geschah, ist dir zweifellos bekannt: Dank des kalten Wetters konnte Dr. Deyman drei ganze Tage das wahre Auge der Medizin auf dem Schwarzen Jan ruhen lassen. Man weiß nicht, ob Elsje Rembrandts Gemälde je sah, auf dem man ihren Diebsgeliebten in derart gewaltig frontaler Verkürzung sieht, dass seine nackten Fußsohlen beinahe an das offene Großhirn stoßen. Schneiden Sie, und zwar tief, wir wollen die Ursache des Problems herausfinden, sagt Dr. Deyman, während er das Gehirn nach beiden Seiten scheitelt, wie Haar. Traurigkeit grabbelt heraus.

Über Orchideen

Wir tunneln uns durchs Leben, denn wir sind lebendig Begrabene. Mir mögen deine Tunnel seltsam ziellos scheinen, entwurzelten Orchideen gleich. Aber ihr Duft ist unsterblich. Vor einigen Tagen ist ein Kleiner Junge, ein »Little Boy«, aus Amherst fortgelaufen, schreibt Emily Dickinson 1883 in einem Brief, und als er gefragt wurde, wohin er wolle, antwortete er, Vermont oder Asien.

Über Straflager

Je haïs ces brigands!, sagte ein Aristokrat namens M-cki eines Tages in Omsk, als er mit blitzenden Augen an Dostojewski vorbeistiefelte. Dostojewski ging ins Haus und legte sich hin, Hände hinter dem Kopf.

Über die Wahrheit, die man in Träumen findet

Von einer plötzlichen Wahrheit ergriffen, schreckte ich um 4 Uhr morgens hoch. Das Wort »griffig«, kann man auf Straßen anwenden; das Wort gritzig auch auf Menschen. In meinem Traum waren die beiden Aspekte dieser Wahrheit durch ein drei Meilen langes Seil aus Frauenhaar verbunden. Und plötzlich brachen alle Fragen über männliche und weibliche Seelenmörder, die beantwortet werden wollten, sobald ich am Seil zog, auseinander und fielen als Klumpen in die Kluft zurück, in der ich schlief. Jetzt sind wir wieder diese Halb und Halb, Sprachstummel.

Über Hölderlins Weltnachtwunde

Möglich, dass König Ödipus ein Auge zuviel hatte, sagte Hölderlin und kletterte weiter. Oberhalb der Baumgrenze so kahl wie im Innern einer Handwurzel. Fels bleibt. Namen bleiben. Namen stürzten auf ihn nieder, zischelnd.

Über das Gefühl beim Starten eines Flugzeugs

Ich frag mich immer, ob es Liebe ist, was da mit erhobenen Armen auf mein Leben zurennt und schreit, das kaufen wir uns, was für ein Schnäppchen!

Über meine Aufgabe

Meine Aufgabe ist es, geheime Lasten zu tragen für die Welt. Leute beobachten mich neugierig. Gestern morgen etwa, bei Sonnenaufgang, hättest du mich auf der Mole sehen können, wie ich Dunst trug. Ich trage auch unzeitgemäße Gedanken und Sünden überhaupt und jede fehlerhafte Handlung, die mit dir zusammen in diese Stunde hineingesenkt wurde. Vertrau mir. Das Trabetier kann rote Herzen wieder rot färben.

Über Hedonismus

Schönheit macht mich hoffnungslos. Ich frage mich längst nicht mehr, warum, möchte nur fort. Wenn ich die Stadt Paris anschaue, sehne ich mich danach, sie mit beiden Beinen zu umschlingen. Wenn ich dich tanzen sehe, ist da eine herzlose Unermesslichkeit, wie beim Segeln auf todstiller See. Wünsche, so rund wie Pfirsiche, blühen die ganze Nacht in mir, ich sammle nicht mehr auf, was herabfällt.

Über den König und seinen Mut

Er erwachte voller Zweifel, wie er wohl anfangen sollte. Schaute zurück auf das Bett, wo der Mahlstein lag. Schaute hinaus in die Welt, das berühmteste Versuchsgefängnis seiner Zeit. Über die Folterstäbe hinweg konnte er sehen, nichts. Aber er konnte sehen.

Über Obdach

Du kannst mit einem Fischherz auf eine Wand schreiben, wegen des Phosphors. Sie essen es. Es gibt solche Hütten den ganzen Flusslauf entlang. Ich schreibe das, um dir so unrecht wie möglich zu tun. Setz die Tür wieder ein, wenn du gehst, steht da. Jetzt sag mir, wie unrecht das ist und wie lange es glimmt. Sag's mir.

Darüber, wer du bist

Ich möchte wissen, wer du bist. Manchmal sprechen Leute von einem Rufen in der Wildnis. Das ganze Alte Testament hindurch hört man eine Stimme nach etwas schreien, eine, die nicht Gottes Stimme ist, aber Gottes Absichten kennt. Während ich warte, könntest du mir einen Gefallen tun. Wer bist du?

TEIL III
Canicula di Anna

Was haben wir hier?

1

Was wir hier haben
ist die Geschichte eines Malers.
Sie ereignet sich in Perugia
(dem alten Perusia),
wo der Maler Pietro Vannucci lebte
(ca. 1445–1523),
Perugino genannt,
ein Zeitgenosse Michelangelos
und Lehrer Raphaels.
Was musst du noch wissen?
So einiges.
Im fünfzehnten Jahrhundert
zogen sich die Herzöge von Perugia,
von den päpstlichen Heeren belagert,
ins Innere des Felsens zurück, auf dem ihre Stadt errichtet war,
und schufen eine zweite
innere Stadt.
Sie wurde La Rocca genannt,
und auch wenn sie die Herzöge nicht schützte,
es gibt sie noch.
Die Luft im Innern ist erstaunlich kühl.
In der Geschichte, die wir hier haben,
treffen sich einige Philosophen von heute
zum Konklave
auf dem alten Felsen von Perugia.
Sie haben, so scheint es,
aus PR-Gründen

einen Maler beauftragt, sie
in Pigmenten des fünfzehnten Jahrhunderts festzuhalten.
Vielleicht aus historischen Gründen
(Perusia hat eine gemalte Geschichte).
Vielleicht eines Sprachwitzes wegen:
Parusie braucht ein gemaltes Gesicht.
Du verstehst sicher mehr
davon als ich es tue.
Der Maler jedenfalls
ist kein glücklicher Mann.
Wie üblich ist eine Frau der Grund.
Auch sie hat ein Gesicht
und eine malenswerte
Vergangenheit.
Reicht das für eine Geschichte?
Vediamo.

2

Ich würde sie, denke ich, Anna nennen.
Als ich ankam, regnete es. Alle
schienen verärgert über mich.
Auf der Liste suchte ich
den Namen Anna vergebens, sie
brachten eine andere Liste, nichts, sie
bildeten Zirkel, gestikulierten,
hoffnungslos. Ich stahl mich fort.

Draußen immer noch Regen.
Zwei gleichermaßen unmögliche Dinge
geschahen gleichzeitig

(auf dem Bild eine Überlagerung der Farbschichten).
Ich hörte jemanden Annas Namen rufen. Sah das Meer.
Längst sind wir hier von Land umschlossen.
Perugia (das alte Perusia)
liegt 1 444 Fuß über dem Meeresspiegel
auf einer Hügelgruppe, mit Blick auf den Tiber
1 000 Fuß tiefer.
Es hat
unregelmäßige Konturen. Im Innern der mittelalterlichen
Stadtmauern
finden sich beachtliche Überreste hoher
Terrassenmauern aus etruskischer Zeit.
Ein alter Etrusker ruft ein »Ah ...« durch den Regen,
kann das sein? Er krümmte sich,
stürzte über die Brüstung
und versank im Meer.

Wilde Hunde, aus deren Schnauzen solch blutige
Silben tropfen, verebben und laufen über den Meeresgrund
dort unten.

Attenti ai cani.

3

Hier kennen sie sie nicht. Also
kann ich sie frei erfinden!, süße
Hunde.

4

Ich schlief, erwachte, fiel in Hundsfieberschlaf.
Täuschen wir uns nicht über die Freiheit.
Augen brennen einwärts durch beide Schädelkanäle.
Ich könnte zum Beispiel
entscheiden, bei Anna Farbe abzutragen.
All die kleinen Blaus und Brauns.
Ja. Ihre ausgebleichten Sohlen.
Leichter Gestank nach
Knochen, die kokeln, aber
ja,
ein Hund hat die Wahl
heulen oder nicht heulen.
Lei ha una ferita.
Cara ferita.

Da ist eine Wunde.
Hoffentlich nichts Ernstes.

5

Es gibt noch andere Frauen hier,
die ihre Hälse in die Sonne recken.
Ich hungere nach Anna.
Im Vorübergehen sah ich in einem Cubiculum ein Gemälde
 von ihr
und trug es in mein Zimmer
wie im Fieber.
Es erwies sich als Stillleben
aus Aprikosen und aqua minerale.

Das Glas hat einen Sprung,
doch es erinnert mich
an jene Tageszeiten,
wenn sie hungrig wurde.

6

Führende Phänomenologen aus *tutta l'Italia*
haben sich hier versammelt.
Sie denken die Dinge bis zu den Sophisten zurück,
dann steigen sie
die Steinstufen hinauf
zum üppigen Lunch.
Ihre Stirnen sind weit weniger hoch
als die Stirnen
französischer Phänomenologen,
dafür sind sie weit freundlicher.

Lunch ist hier die wichtigste Mahlzeit des Tages.

7

E il treno giusto per Perugia?

Vielleicht erscheint Anna heute.
Um halb vier kommt ein Zug.
Einmal telefonierte sie
von irgendwo im Norden.

Ich hatte sie seit Winter nicht gesehen.
(Auf dem Bild kein Weiß für
Schnee, nur bläuliche Tupfer.)
Ihre Antworten am Telefon sind das, was
Phänomenologen als »dicht« bezeichnen.
Es gibt Stimmen, die klingen
wie Felsküste. Jäh abfallend.
Im Winter schneidend. Ist das gerecht?
In manchen Eisenbahnen erkenne wir vielleicht
eine gewisse
»Unverborgenheit des Seins«, aber Gerechtigkeit wohl keine.

Aus dem Mineral Azurit,
zu finden in Minen ganz Italiens,
lässt sich ein fahles hellblaues Pigment gewinnen,
etwas weniger kostspielig als Ultramarin,
aber kein bisschen gewöhnlich.

»Es fuhr kein Zug nach, wo du warst«, antwortete sie.

8

Anna zaudert irgendorts.

Vielleicht träumt sie ihren Traum.
Wie so oft
kurz vor dem Morgengrauen.
Sie sitzt in einem Zimmer
und versucht die Tür zu schließen.
Arme und Beine drängen hinein.
Mit Hummer-Gewalt. Sie hält den Traum

für sehr gewöhnlich.
Ich habe ihn so
noch von niemandem gehört.

9

Es ist vielleicht nicht allgemein bekannt,
dass ein gewisser sogenannter Perugino
die Jahre 1483 bis 1486 damit zubrachte,
jenen Teil der Sixtinischen Kapelle
mit Fresken zu bedecken,
der heute durch Michelangelos *Jüngstes Gericht* unsterblich ist,
und dass dessen Mühen, schonungslos ausgelöscht,
Platz machen musste für das
kolossalere Genie seines Nachfolgers.

10

Die Tatsache, dass Anna gerade
woanders Kaffee trinkt, oder träumt,
greift mich an.
Ich hasse solche Momente des Mangels.
Was isst der Mensch?, fragen die Phänomenologen.
Namen, wie die Hunde,
dort unten,
und sie hungern.

II

Ein Phänomenologe aus Louvain-la-Neuve
berichtet uns von Heideggers Gedanken im Wintersemester 1935.
Es gab eine Befragung der Kunst.
Einen Wunsch nach Zirkelschluss.
Von Anna war nirgends die Rede. Und doch
war nicht alles vollkommen. Er warnt
vor einer Fehlübersetzung (lies »Wesen«
für »Natur«). Er bewegt seine Füße
über den Marmorboden.
Die Füße des Phänomenologen
sind blutrot.
Nackte, fiebernde Füße.
Das greift mich an.
Er unterscheidet den Zirkel bei Heidegger
von dem Zirkel bei Hegel.
Auf dem blauschwarzen Marmor unterscheiden
sich seine schamroten Füße
von den wunderweißen Füßen Christi.
Hier geht es,
sagt uns der Phänomenologe aus Louvain,
um einen Überschuss. Die übrigen
Phänomenologen werden ungeduldig.
»Es ist zu einfach,
Ich bin ich zu sagen. Zu einfach,
diese heißen Füße als Voraussetzung
für die fahlen Füße Christi zu nehmen.«

Es ist zu einfach, bei Anna Farben abzutragen.

Sie machen eine Zigarettenpause.
Alles wird besser. Eine Zigarette

erlaubt natürliches Verhalten.
Ein Überwinden von Subjektivität vielleicht.
Ein Lunch vielleicht.
Oder eine Lunchbefragung.
Ein Pinselstrich
ist nie einfach fahl.
Sonst könnten wir
weit mehr Bilder verschlingen.

12

Einen Schritt weg von der
eigentlichen
Sprache des Phänomenologen
liegt die Sprache des Phänomenologen
beim Lunch.
Die Hunde, Anna, gehen einander an die Gurgel
(nach Mittags) dort unten wegen der Hundehitze.
Wenn der Phänomenologe ein echter Philosoph ist
und nicht bloß ein gewitzter Geschäftsmann,
bringt er diese Überlegungen unverzüglich
in grundsätzlichen und wohlbegründeten Zusammenhang
mit den eigenen Thesen. Auf dem Gemälde
reckt er die Arme
über ein schneeiges Tischtuch
aus Farbklecksen
in Blau und Schwarz.

13

Gruppenbild: Ein Sonderauftrag.
Ich male die Philosophen bei Tisch und
auf dem Weg ins Sein.
Die Flasche ist das Problem. Ich probiere
eine von Cimabue erfundene Farbe.
Die Phänomenologen ergehen sich in Dialektik
über Wein als Essig.
Zur Wiedergabe der Kehllöcher
(schwärzlich rot) habe ich mir
Saft des *draco dracaena* beschafft (sehr teuer,
aber die Phänomenologen bestanden darauf),
Drachenblut also, das mittelalterlicher Legende
zufolge ursprünglich
während der Heldenkriege
zwischen Elefanten und Drachen
in die Erde sickerte,
wo es Maler später
aufsammelten.

14

Der Phänomenologe aus Paris hasst Mücken
und hat ein kleines elektronisches Gerät dabei,
das durch Simulation eines männlichen Liebesschreis
das Weibchen in den Tod lockt. Gegen das Wimmern
hat er sich rosa Ohrstöpsel zugelegt.
Mitten im Gespräch
mit dem Phänomenologen aus Sussex
sehen sie eine Mücke hereinfliegen.

Der Engländer springt auf
und ruft: »Komm, nehmen wir die Mückenmaschine!«
und zerquetscht das Insekt mit dem Gerät
an der Wand. Ein erstes Anzeichen
enormer ontologischer Differenzen
zwischen angelsächsischer und französischer
Dialektik.

15

Heute sind die Phänomenologen einander im Weg.
Sie husten, Bleistifte fallen.
»Deine Frage, die exzellent ist ...«
Sie lächeln.
»Wesentlich.«
Sie deuten mit dem Finger.
»Sehr wesentlich.«
Wohlwollen schwirrt durch den Raum.
»Du kennst den Text wirklich sehr genau ...«
Stühle scharren.
»Meine Interpretation ist vierfältig ... «
»Zweifältig ... »
»Auf dem Weg nach ...«
»Ich würde sagen, *ja,* genau im Gegenteil ...«
»Kann man das?«
Eine Tür schlägt.
»Kann man, ist aber falsch.«
Lachen.
»Wir müssen vom Standpunkt der ...«
»Der Kunst ...«
»Ahistorisch ... «

»Aus dem *Spiegel*-Interview …«
Papiere gleiten zu Boden.
»Könnten Sie uns das bitte übersetzen?«
»Ich würde sagen, die *Geschichte der Geschichte* …«
Eine Frau fragt nach Streichhölzern.
»Nicht tragisch …«
»Eine Art phänomenologisches Idyll …«
»Heidegger, *ja*, der hatte ein Faible für Bauern …«

16

An dem Tag, als Anna verheiratet wurde,
kam ihr Vater aus einem fremden Land,
sie umzustimmen.
Rannte das Seitenschiff hinunter mit geldbeladenen Händen,
alle drehten sich um.
Nach der Zeremonie schritten beide
lautstark streitend durchs Mittelschiff hinaus
und ließen den Bräutigam am Altar zurück,
von den Hunden überbellt.
Auf den offiziellen Porträts
kann ich nicht erkennen,
wer wer ist.

(Für die Münzen
hat der Maler, wie es scheint,
Verdigris benutzt, ein Kupferazetat,
das einen fahlen,
fast bläulichen Ton erzeugt,
außer, es wird mit Safran temperiert,

damit es mehr nach
echtem Grün aussieht.)

17

Es war der zarte Pietro Vannucci,
alias Perugino,
der darum bat, im Innern von La Rocca
die Spiegel aufzustellen,
behaupten einige Phänomenologen.
(Andere sagen,
Vassilacchi, alias Aliense,
aber das ist wahrscheinlich nicht wahr.)
Er brauchte eine Arbeitsstätte,
er brauchte eine Zufluchtsstätte
fern vom Straßengeschwätz –
Buonarroti, Buonarroti, den lieben langen Tag.

18

Ich praktizierte mein Italienisch in der Bar
(die Mücken stechen lieber die Augen der Fremden),
als Anna kam.
Was mich in schlechte Stimmung versetzte.
Ich sagte ihr,
sie solle mit offenen Augen schlafen,
und ging spazieren.
Ich bin ich.

19

Einer der Phänomenologen hat einen Hustenanfall.
Ein anderer beharrt plötzlich auf den Grenzen des Textes.
Tautologien, Rätsel treiben herein, wie ein Herbst.
Die *Seinsfrage* wirkt zusehends ausgezehrt.
Ungekämmt. Grob und schrullig,
reibt sich die Augen,
versucht, sich den griechischen Tempel vorzustellen.
Sie beugt sich vor. Macht sich winzige Notizen.
Farbe als Farbe, Stein als Stein.
Kleine Silben entweichen.
»Es geht um Heiligkeit.«
Wen kümmert es, dass griechische Tempel
Schlachthäuser waren. Es geht darum,
dass es zwei Arten gibt, Assisi zu besichtigen.
Die eine ist naiv.
Die zweite liebt Giotto. Das heißt,
jedes Wesen neigt dazu,
sich vor jemanden
zu stellen. (Es sei denn,
wir haben es mit Krypto-Hegelianern zu tun.
Ein Krypto-Hegelianer tut alles dafür,
sich *hinter* Hegel zu stellen.)
Das heißt,
eins gilt mehr als zwei. (Klar gilt
auch das Gegenteil.)
Einer der Phänomenologen hat,
wie es scheint, seine Mutter
ins Seminar mitgebracht. (Zumindest
ist sie auf dem Gemälde zugegen.)
Mit Händen im Schoß schaut sie

auf den Redner, zu uns
schiere Höflichkeit.

20

Bleiweißpulver für Peruginos lange Augen.

21

Auf einem Renaissancegemälde
ist jeder Punkt im Raum von Belang.
Hier ist ein Punkt,
Anna,
wie sie im Gespräch mit einem Phänomenologen aus Wiesbaden
die Augen gen Himmel schickt.
Knapp außerhalb ihrer Sichtachse stehend,
lasse ich mein Auge
nach links linsen.

Als Postmetaphysikerin
werde ich
für den Mord nicht belangt.

22

Auf dem Gemälde kannst du die Geräusche nicht sehen.
Es bellt die ganze Nacht und
im Innern des Felsen
stampfen Füße.
Es bellt wie langsames Verbrühen.
Es bellt.
Und bellt.
Du siehst die Gesichter.
Die Herzöge von Perugia,
sündenbeladen.
Du siehst, wie jeder von ihnen
nach links linst.
Zu Anna hin.

Bleiweißpulver für die langen Augen
von Peruginos
Kreaturen.

23

Die reinen Linien Umbriens
sind ein Fieber.
Sie weiß das.
Sie weiß, dass ich zuhöre.
Sie senkt die Stimme
knapp unter
das Bellen.

24

Als Anna in der Bibliothek an ihrem Vortrag arbeitet,
sieht sie einen Skorpion auf dem Fensterbrett.
Sie zieht sich in den Frühstücksraum zurück.
Die Phänomenologen setzen sie über ihren Irrtum in Kenntnis.
»Das ist kein Skorpion.«
Und außerdem habe sie Glück.
»Wir sind in Italien, nicht in Nordafrika,
wo ein Skorpionbiss
tödlich ist.«
Irgendwann erklärt sich der Chef des Berliner Husserl-Archivs
bereit, mit ihr hinaufzugehen.
Er ist erschrocken »*Ja*, das ist ein Skorpion.«
Er hält inne.
Und zu Anna hin: »Verlassen Sie bitte den Raum.«
Wir werden nie wissen, was dann geschah.
Mit pigmentiertem Lehm
kaschierte der Maler
den hässlichen Fleck auf dem Fensterbrett.

25

Annas Hunde wateten im Blut dort unten, bevor wir kamen.
Im fünfzehnten Jahrhundert waren Annas Hunde voller Wut:
Die Herzöge von Perugia bauten eine Stadt in den Felsen hinein.
Doch die Hunde hörten sie weiter.
Auf die Mauer stellten sie Kanonen,
die sie mit Spiegeln ausrichteten.
Die Schüsse
verfehlten die Hunde und trafen den Papst.

So verketten sich Ereignisse.
Der Künstler
mischt eine Farbe an. Ohne
Annas schöne weiße Kehle
wäre es im Innern von La Rocca
zu dunkel gewesen
zum Malen.

26

Lass mich dir zwei Dinge über Anna erzählen.
Sie tanzt für ihr Leben gern.
Sie wurde mit einem Herzfehler geboren, *Hämolyse* genannt,
durch den sich auf ihren Armen blaue Blutklümpchen
bilden. Die Sache
schmerzt nicht.
Sie zeigt, dass sie ein Zwilling
hätte werden sollen.
Drei Dinge.
Sie hat ihren Vater umgebracht.

27

Im sechzehnten Jahrhundert gab es Linien und es gab
Perspektiven.

Vannucci in Perugia
hört das Buonarroti-Geraune.
Ein heißer Sommer, selbst in den Hügeln.

Im Juli schickt Vannucci seine Gehilfen fort
und macht sich auf nach Florenz. Zu dem
großen dunkelhaarigen Haupt und der folgenreichen
Unterredung. Ein abgedunkelter
Salon. Eine Menge Leute. Vannucci, Buonarroti.
Buonarroti, Vannucci. Signor.
Widerwilliges Lob von beiden Seiten.
Ein Zerwürfnis um Techniken der Perspektive.
Laut. Lauter.
Schließich nennt B. V. einen »Banausen der Kunst«
(*goffo nell arte*) und V. erhebt Klage
wegen übler Nachrede.
Der Prozess endet erfolglos,
aber die Demütigung animiert Perugino
zu seinem Meisterwerk *Madonna e Santi*
für die Certosa von Pavia.
(Die Behauptung,
Raphael habe seine Hand im Spiel gehabt,
ist wahrscheinlich nicht wahr.)
Im Innern von La Rocca
waren die Dinge einfacher.
Das Bellen muss aufhören.
Sonst wird es
Verrückte geben.

Augen linsen nach links.

28

In der Fluchtlinie
eines Bartes
und den sich bewegenden Lippen
eines anderen Mannes
beobachte ich sie.
Täuschen wir uns nicht
über die Freiheit.
Eine Linie an und für sich erkennt man nicht.
Einen Pinselstrich ohne Farbe
gibt es nicht.
Aber die dreidimensionalen
blauen Knubbel
auf Annas Armen
sind eine vom Maler geschaffene Illusion.

29

Die Methode, Ultramarin
aus Lapislazuli herzustellen,
wurde in Europa erst nach dem dreizehnten Jahrhundert bekannt.
Zuvor wurde es über den Seeweg importiert,
daher der Name. Ultramarin
gab es
in unterschiedlichen Qualitäten,
das feinste erkennt man unschwer
an dem kühlen Schimmern und Funkeln.

30

Einige von Peruginos frühen Werken
waren ausladende Fresken
für das Kloster der Ingesati-Mönche
(wenig später, während der Belagerung von Florenz, zerstört).
Die Ingesati gaben ihm
das kostbare Ultramarin-Pigment
nur widerwillig.
Durch konstantes Waschen der Pinsel gewann
Perugino
einen heimlichen Vorrat der Farbe,
den er später
dem Prior übergab,
um dessen Geiz zu beschämen.

31

Heute werden in den Galerien oberhalb von La Rocca
Konzerte gegeben.
Ein fahlgrüner toter Christus
schaut auf den Cellisten.
Das heißt, es scheint,
als schaue er.
Tatsächlich studiert er
unter spärlichen Wimpern hindurch
die eigenen Arme,
die sich aus eigenem Antrieb in der Schwebe halten.
Nicht unheimlich, scheint er zu sagen,
aber man sollte ein,

Auge drauf haben,
derzeit zumindest.

Der Cellist ist ein verspannter und
sichtlich angeschlagener Mann,
von einem taubstummen Hund begleitet.
Von Zeit zu Zeit bellt er unbändig (gelb),
doch ohne Geräusch.

32

Letzte Nacht töteten die Hunde
einen Hahn dort unten.
Er krähte einmal (dunkelrot), wie doll,
mitten in der Nacht.
…
Sie drehten sich.
Man konnte hören, wie sie sich drehten.

So wie Applaus
sich dreht, wenn der Lieblingscellist
sich noch einmal
zeigt und verneigt.

So wie Köpfe sich hörbar drehten,
als Perugino auf Michelangelo
zuging
an einem heißen Nachmittag
des Jahres 1504.

Herein kommt ein vergreister Infant vom Rand der Welt.
Ein Schrei.
Grido.

33

Gewöhnlich
lohnt es nicht, den Gesprächen von
Phänomenologen zu folgen. Doch
als ich heute Anna lauschte,
erfuhr ich – unglaublich! –,
dass sie in ihrer Jugend fünf Jahre
im Kloster zugebracht hatte.
»Ich war herzlos.«
Das heißt, sie wusste,
dass es ihrem Vater das Herz brach,
doch ihr brachte es Zeit für Philosophie.
Die Nonnen waren noch herzloser.
Sie sahen mit an, wie sie
sich still zurückzog,
so wie ein Metaphysiker in einer Erzählung
nach innen blickt.
Libertas ad peccandum et ad non peccandum.

Augen links.

34

Das Erste, wofür die Nonnen
Anna zur Rede stellten,
betraf ihre Arme.
Sie wurde verdächtigt,
die Stigmata seien simuliert.

Zweitens sollte sie auf die Philosophie verzichten.
Das heißt, auf ihre guten
Fortschritte darin.

Das Dritte war ihr Name.

35

»Häng nicht an mir«, sagt Anna.
»Wenn du meinen Rat willst,
häng dich gar nicht.«
Eines unserer vielen Gespräche über Freiheit.
Anna geht tanzen
mit einem Phänomenologen,
der außerdem beim Militär
Hauptmann (der Reserve) ist.
Als er einige seiner Philosophiestudenten
(die er »Einberufene« nennt)
auf der Tanzfläche erblickt,
zieht er sich an die Bar zurück.
Anna tanzt freudig alleine weiter.
Ich tanze nicht.
Jeder Hund hat eine Wahl.

»Jammern ruiniert die Augen«,
sagt Anna.
»Ich jammere nicht.«

Die Fresken
haben stark gelitten
unter der Verdunkelung der hellen Stellen,
aufgrund der chemischen Veränderung
des Bleiweiß
durch die
Feuchtigkeit.

36

Im Innern von La Rocca ulkten sie,
sie würden, wenn die Vorräte ausgingen,
die Hunde jagen.
Dann, wenn
die Hunde ausgingen,
würden sie einander jagen.
Dann war Schluss mit lustig.
Im Innern von La Rocca
wird eine uralte Lösung erörtert.
Eine uralte Kategorie kommt ans Licht.

37

»Lebensfreude lebt von Veränderungen.«

Ihre Flügel schimmern und falten sich ein.
Sie hält inne
vor einem etruskischen Jungen
aus grüner Bronze. Auf seinem Kopf
ein gewichtiges Nicken der Blätter.
Er schaut herab und
entdeckt, dass seine Arme ihm,
wenn er sie nur lässt,
bis zu den Fußsohlen reichen.
Seine Freude ist vollkommen.
Die Mauern und Gräber
des Museo Archeologico
sind von Graffiti übersät.
Ich nutze die Zeit und
fotografiere alle Stellen
mit dem Namen Anna, bis
eine Wärterin es verbietet.

Welche Veränderungen?

38

Im Kloster
nahm Anna den Namen
Helena an. Die Nonnen
waren's zufrieden (Wahrerin
des wahren Kreuzes).

Schmerzlich
mussten sie erfahren,
dass Anna Helena von Troja meinte.
Und
Hingabe an die Unschuld.

39

Perugino, das ist interessant festzuhalten,
war einer der ersten Maler Italiens,
der in Öl arbeitete und darin
eine vielbeachtete Tiefe und Sanftheit
der Schattierungen erreichte.
Für die Perspektive
wählte er
den neuartigen Ansatz
der zwei Fluchtpunkte.

40

Kategorisieren
bedeutet öffentlich einen Namen geben:
κατηγορία,
wie so mancher Phänomenologe
zu Beginn eines Seminars betont.
Kategorisieren
bedeutet verdeutlichen, oft jedenfalls.
Aber nicht unabänderlich.
Heiliger Dung zum Beispiel

stellt eine uralte Kategorie dar,
über die sich die Forscher
und Männer der Freiheit
noch heute den Kopf zerbrechen.
Ein fortgesetztes Heulen
bis heute. Ein Wesen,
aus rohen Klängen geschaffen
und an den Stummeln verbunden,
bewegt sich
als Gestalt
dort unten.

Klang,
der als ein Lachen erstrahlt
und nach Blut riecht,
ist eine weitere problematische
uralte
Kategorie.

41

Rauchwolken am frühen Morgen
und unterhalb der Brüstung
Männer, die sich abhetzen
mit Gerüsten und Kleinholz.
Ich hätte es ihnen sagen können.
Hunde brennen nicht.
Im Juli
des Jahres 1509
wurden außerhalb von La Rocca Feuer entfacht.
Man hörte Hunde

durch die Flammen torkeln dort unten.
Ocker
für Hitze, brutale Sonnen und Fieber.
Für das Fleisch,
das transparent wurde,
wo es dem Feuer ausgesetzt war,
verwendet er
schwarzes Manganat über
Silberspänen,
Knochenspänen.
»Malen ist Wissenschaft«, ruft Perugino
im Wahn
durch den Rauch.

42

Blattsilber
wird mit einem Messer auf einer Lederunterlage geschnitten
und dann mit einem dünnen Kleber
aus geschlagenem und destilliertem Eiweiß
auf die Leinwand aufgetragen,
auch Eiklar genannt.
Die Technik
erlaubt kein
späteres
Aufpolieren.

43

Ein seltsamer Austausch
ist im Körper des Künstlers während der Arbeit
am Werk. Strich
für Strich, Anmut für
Anmut.
Mord denkt sich von allein.
Reine Fieberlinien denken sich von allein.
Der Maler wählt
den Standort
und schon trottet
der Ritus voran.

44

»Nein.«
»Ja.«
Im Innern von La Rocca
ist eine uralte Dialektik
am Werk.
»Sie ist unbedeutend.«
»Nein, wesentlich.«
»Sie ist unschuldig.«
»Unschuld ist eine Vorbedingung.«
»Du übertreibst.«
»Du wiederholst dich.«
»Sie ist nicht die Sünde.«
»Sie erscheint in einem Gemälde über die Sünde.«
»Ganz im Hintergrund.«
»Im Totpunkt.«

45

Christo morto.
Es ist das Gemälde einer Opferung.
Befremdlich schimmern
die Arme des Opfers
hervor.
Er betrachtet sie,
die Augen
gesenkt,
weder entschlafen noch
verzückt.

Perugino malte das Bild 1509,
für die Fleischtöne
mischte er
ein Sulfid aus Arsen,
auch als Auripigment bekannt,
mit Zypressenharz.

Welche Veränderungen?

46

Die Unschuld der Geliebten
verroht den Liebenden.
So wie das Singen einer verrückten Person
hinter dir im Zug
dich wütend macht
während
ihre schönen

Zähne wie bei Tieren
zwischen schwarzen Farbflächen
hervorscheinen.
So wie Helena
die Geschichte wütend macht.

Senza uscita.

47

Annas Vater verpflichtete sich
wegen der Schönheit der Uniform,
und während er fünf Jahre als Kapitän diente,
fuhr er nachts heimlich über die Bergstraßen
zu Annas Mutter.
Auch als
eine Blutkrankheit
diagnostiziert wurde,
beschloss er, weiter
nach seinem Gusto zu leben.
»Trink kräftig, liebe innig und bleib der Alte«,
sang er oft.
Er wurde dünn: exzentrisch.
Dünner: monströs.
Anna sah das nicht.
Zur Geburt ihres Sohnes
schickte sie einen Brief samt
Fotos, die
am folgenden Tag
neben seinem Körper gefunden wurden.
Wichtigtuerische Tanten

tätigten ein Ferngespräch mit Anna:
»Du hast deinen Vater umgebracht.«

48

Am letzten Nachmittag der Konferenz
besichtigen die Phänomenologen La Rocca.
Sie staunen,
dass eine solche Touristenattraktion
keinen Eintritt kostet.
Dann über die Kälte im Innern.
Felsenfurchen atmen ihnen dunkelrote Luft
aus dem fünfzehnten Jahrhundert entgegen,
was das Anzünden von Zigaretten erschwert.
Die Phänomenologen ballen sich
in einem Durchgang
und diskutieren
einen Aspekt des *Daseins*
aus dem Morgenseminar.
Einige gehen durch eine falsche Tür hinaus
und taumeln im jähen Licht.
Ein kleiner Phänomenologe
aus Brüssel
plant einen Artikel über diesen Ort
für einen New Yorker Verleger. Er
löchert die Konservatorin wegen der Spiegel
und wegen der Vorräte,
aber die Frage
wird nicht verstanden.
(Sie nimmt an, er
frage danach,

wie schwer es sei,
sich mit hochhackigen Schuhen wie den ihren durch La Rocca
zu lotsen.
Energisch pflichtet sie bei. »*E difficile.*«)

49

Für tiefdunkles Rot
nimm Zinnober,
ein Quecksilbersulfid.
Bis zum zwölften Jahrhundert
versorgte natürliches Zinnober fast ganz Europa
mit rotem Pigment.
Die damalige Entdeckung
einer Methode, durch gemeinsames Erhitzen
von Quecksilber und Schwefel
größere Mengen des Cinnabriums herzustellen,
war ein Ereignis,
für die Künstler
wie für die Wissenschaftler.

50

Anna steigt die Blutstufen
zum Flugzeug hinauf. Dreht sich um,
schaut zurück, blinzelt (sie hat
auf unserer Assisireise
ihre Sonnenbrille verloren. Ihr Mann
hatte sie ihr gekauft und

vorhergesagt, dass sie sie
verlieren werde.)
Sie vermisst mich. Mittag.
Pan auf dem Rollfeld, schattenlos.
Hitze ist reinste Bewegung.
Ich sah sie nie wieder.
In der Nähe von Mailand wurde
das Flugzeug
von Journalisten, die einen Anschlag simulierten,
in die Luft gesprengt.

Il mio sbaglio.
Il mio grido.

51

»Nein«, sagte Perugino.
Um ihn herum brüllte die Finsternis.
»Ja«, sagten die Herzöge von Perugia
und begannen, den riesigen Eingangsstein fortzuschieben.
Uralte Planeten stießen mit Getöse südwärts,
als sie Anna
den Gang hinauf
zur Öffnung fuhren.
Sie hörte nicht,
wie die Hunde sich drehten.

52

Das war der letzte Fall eines solchen Ritus
in der Stadt und am erzbischöflichen Sitz von
Perugia (dem alten Perusia),
der Hauptstadt
der Provinz Perugia,
die auch das *compartimento* von
Umbrien bildet
und im Zeichen
der Jungfrau und des Löwen steht
(aus welchem
Grund wiederum
die Stadt in einigen früheren Erzählungen
den Namen
Sanguinia
trägt und weshalb ihre Bewohner
äußerst kriegerisch waren,
gerne Fisch aßen,
heitere Reden schwangen
und weder prassten noch
weiblichen Reizen absprachen.)

53

Schwarz für die Pinien,
Schwarz für die Zypressen,
Schwarz für den denkenden Christus.
Aber
zu Silber geriebenes
Weiß für die Gebeine,

als wir sie fanden, denn
sie staken
in den Wunden wie Metaphysiker,
still und
blutleer
schauten sie
heraus.

Nachwort

Nach dem Ende einer Geschichte herrschen Augenblicke der Stille. Dann beginnen die Wörter wieder. Du möchtest schließlich immer noch mehr wissen. Nicht unbedingt mehr von der Geschichte. Und auch nicht notwendig eine Auslegung. Einfach etwas zum Weitermachen. Schließlich: Geschichten enden, aber der Tag geht weiter. Du musst dein Gewicht verlagern, den Blick heben, den Verkehrslärm wieder wahrnehmen, vielleicht Zigaretten holen gehen. Bei dem Gedanken macht sich Kälte in dir breit; ein Wunsch formt sich. Vielleicht willst du etwas über mich erfahren – nicht, dass du irgendwelche konkreten Fragen hättest; doch selbst das wäre noch besser als nichts. Ich könnte dir ein Glas Wein einschenken und weiter von der Sonne reden, die noch immer über den Bergen vor meinem Fenster steht, oder von meiner Theorie der Adjektive oder von etwas Beschämendem, das ich einmal getan habe, dann müsste keiner von uns grad jetzt fortgehen.

Du weißt nicht, wie sehr mir dieser, dein vager Wunsch Angst einjagt. Ich war mir dessen von Anfang an bewusst, um ehrlich zu sein, ich habe ihn seit dem Moment, als ich »*Vediamo*« sagte, wie einen Fuchsschwanz um die Kehle getragen. Schon da spürte ich, wie dein Körper nach einer Erzählung gierte, und nach noch etwas. Wie du Seite um Seite danach suchtest, spähtest, auf der Lauer lagst. Schau, wo wir jetzt sind. Kleine Schnauzen wachen, schnappen zu.

Aber kannst du mir sagen, was daran so schlimm ist, aus einer Geschichte nach ihrem Ende abzutreten? Schauen wir uns genauer an, welcher Moment sich an dem Ort namens Ende einstellt. Bis hierhin hast du recht erfolgreich deine Tränen zurückgehalten, nun fühlst du dich plötzlich untröstlich. Nicht etwa, weil du Anna geliebt hast oder mich als Freundin ansiehst oder dein eigenes Leben sonderlich verabscheust. Aber es gibt einen Moment plötzlicher Verhüllung und plötzlicher Enthüllung, bei dem du, wie es scheint, eine Spur verlierst. Als hörtest du, wie ein Schlüssel sich im Schloss dreht. Auf welcher Seite der Tür stehst du? Du weißt es nicht. Auf welcher Seite stehe ich? Das müsste ich dir jetzt erzählen – zumindest haben es andere, mutige, weise und aufrechte Menschen in ähnlicher Lage so gemacht. Zum Beispiel Sokrates:

> Darauf berührte ihn eben dieser, der ihm das Gift gereicht hatte, von Zeit zu Zeit und untersuchte seine Füße und Schenkel. Dann drückte er ihm den Fuß und fragte, ob er es fühle; er sagte: Nein. Darauf die Knie, und so ging er immer höher hinauf und zeigte uns, wie dieser erkaltete und erstarrte. Darauf berührte er ihn noch einmal und sagte, wenn ihm das bis ans Herz käme, dann würde er hin sein. Als ihm nun schon der Unterleib fast ganz kalt war, enthüllte er sich, denn er lag verhüllt, und sagte, und das waren seine letzten Worte: O Kriton, wir sind dem Asklepios einen Hahn schuldig: entrichtet ihm den und versäumt es ja nicht!
>
> Das soll geschehen, sagte Kriton; sieh aber zu, ob du noch sonst etwas zu sagen hast? Als Kriton dies fragte, antwortete er aber nichts mehr; sondern bald darauf zuckte er, und der Mensch deckte ihn auf; da waren seine Augen gebrochen. Als Kriton das sah, schloss er ihm Mund und Augen.
>
> Platon, *Phaidon*, 118

Einen Hahn für Asklepios: Mit welch vornehmer Geste Sokrates seine Gäste in die Abendluft entlässt, ihnen den Weg weist (sie hatten so einiges getrunken). Solche Gastfreundschaft kennen wir heute kaum. Und doch, nachdem ich dich so lange in meiner Gesellschaft festhielt, sollte ich dir vielleicht etwas mitgeben. Nicht die geheimnisvollen, intimen und tröstlichen Einzelheiten, die du dir gewünscht hast, aber etwas zum Weitermachen, und wahrscheinlich das Beste, was ich für dich hab. Nämlich die Tatsache, ob du die Treppen hinuntergehst und durch finstere Straßen wandelst, ob du Schemen siehst, heiratest, scharfzüngig redest oder auf einen Zug wartest, ob dir Phantasien kommen oder ob du jedes Zeichen studierst, die einfache Tatsache meiner Augen in deinem Rücken.

TEIL IV
Das Leben der Städte

Städte sind die Illusion, dass Dinge irgendwie zusammenhängen, meine Birne, dein Winter.

Ich bin eine Städteforscherin, Gott sei's gelobt. Was ich tue, zu erklären, ist einfach. Wer forscht, nimmt einen Standpunkt ein. Von dem aus gewisse Linien sichtbar werden. Anfangs glaubst du, dass ich die Linien selbst zeichne, dem ist nicht so. Ich weiß lediglich, wo ich stehen muss, um die Linien zu sehen, die es ja gibt. Und das Mysteriöse, tatsächlich Mysteriöse ist, dass die Linien sich von alleine zeichnen. Bevor es Ränder, Winkel oder Tugend gab – gab es da schon jemanden, der die Fragen stellte? Gut, lassen wir uns nicht von Exegese fortreißen. Wer forscht, weiß, wie man es anstellt, sich aufs Vorhandene zu beschränken.

Von Stadt spricht man, wo sich Vorhandenes innerhalb von Linien abgezeichnet hat. So gesehen ist die Welt ein offenes Buch, wie wir sagen. Aber was ist mit den verschiedenen Lesarten? Nimm zum Beispiel die Stadt, wie sie uns Lao Tse im 23. Kapitel des *Tao Te King* definierte:

> Wahrlich: Wer dem Weg folgt in seinen Geschäften, / Wird eins mit dem Weg; / Wer tugendhaft, wird eins mit der Tugend; / Wer sie verliert, wird eins mit dem Verlust. Wenn einer eins wird mit dem Weg, / Freut sich desgleichen der Weg, ihn zu gewinnen; / Wenn einer eins wird mit der Tugend, / freut sich desgleichen die Tugend, ihn zu gewinnen; / Wenn einer eins wird mit dem Verlust, / Freut sich desgleichen der Verlust, ihn zu gewinnen.

Das klingt nach einer nicht unbedeutenden Stadt, in der jede Person nach eigenem Gutdünken über sich hinauswirken oder sich begegnen kann. Doch ein anderer Forscher (Kao) hat einen anderen Standpunkt zu der Stadt des Lao Tse. Das in diesem Text als »Verlust« übersetzte Wort mache nicht viel Sinn, mahnt er. »Möglicherweise ist es ein Zeichenfehler und meint eigentlich ›Himmel‹.« Damit nun einer von uns, du oder ich, das Leben hier aufgibt und aufbricht – sei es in die Stadt des Lao Tse oder in die des Kao –, müssen wir einige Details klären, etwa Kaos Ton. Ist er ungeduldig, bestürzt oder einfach skurril? Dein Standpunkt in dieser Frage könnte dich von mir trennen. Also Städte. Und dann: Forscher.

Ich bin keineswegs trivial. Dein Getrenntsein könnte dich umbringen, es sei denn, ich befreie dich davon als einer Krankheit. Was, wenn du in der Stadt strandest, in der Birne und Winter Varianten sind? Kannst du Winter essen? Nein. Kannst du sechs Monate im Innern einer gefrorenen Birne hausen? Nein. Aber es gibt einen Standort, und ich kenne ihn, von dem aus Birne und Winter Seite an Seite nebeneinanderstehen wie Mauern an der Stille. Kannst du dich als Stille in einem Punkt fassen? Wenn ja, kannst du zusehen, wie die Ecken von dir abfallen, zurück in eine andere Welt – zurück in wahre Leere, würden einige sagen.

Nun, wir sind Gegenstände in einem Wind, der sich gelegt hat, so sehe ich das. Es gibt geregelte Städte und ungeregelte, verwundete und nüchterne und auch grimmig erinnerte Städte, es gibt Städte, die unnütz sind und dennoch leidenschaftlich weiterkämpfen, es gibt Städte, in denen der Schnee mit solcher Gewalt von den Hausdächern herabgleitet, dass es zu Todesopfern kommt, aber leere Städte, die gibt es nicht (nur leere Forscher), und es gibt keine Umkehr. Also los.

Apostelstadt

Nach deinem Tod.
Windete es jeden Tag.
Jeder Tag.
Trat uns entgegen als eine Mauer.
Wir gingen.
Uns von seitwärts anschreiend.
Die Straße hinunter es half nichts.
Die Räume zwischen.
Uns verhärteten sich es sind.
Leere Räume und doch.
Sind sie solide und schwarz.
Und so kränkend wie die Klüfte.
Zwischen den Zähnen.
Einer alten Frau die du.
Vor Jahren kanntest.
Als sie.
Schön war und die Nerven sie durchprasselten wie Palastfeuer.

Wieder-Frühling-Stadt

»Fruhling ist immer noch so wie er immer schon war.«
Sagte ein alter Chinese.
Regen zischte die Fenster hinab.
Sehnsüchte aus weiter Ferne.
Erreichten uns.

Learstadt

Rufe abfallender Glockenklänge.
Eilen der Glockenstille voraus.
Wie Wahnsinn dem Winter.
Vorauseilt wie Kindheit.
Dem Vater vorauseilt.
Ins Mordloch.

Stadt von Batsebas Übertritt

Im Innern eines Raums in Amsterdam.
Malte Rembrandt einen Tropfen Leben im Innern.
Des Tropfens malte er Rembrandts Fremden.
Als Frau gekleidet sie schillert.
Vor Nacktheit sie hat.
Einen Brief in der Hand sie.
Reist.
Aus einem Gedanken auf uns zu.
Und noch vor ihr.
Erreicht uns ihr Dunst selbst wenn er.
Rembrandts Fremden als Rembrandt.
Malt wirkt dieser.
Verstört und aufgewühlt.
Wie gerade zurückgekehrt.
Von Reisen.
Auf Schienen und Nebenstraßen.

Sylviastadt

Die Brenner und die Mürbmacher.
Kamen der grüne April.
Brannte sie und machte sie mürbe.
Auf dem Schreibtisch Augen.
Wie ausgerissene Wurzeln.

Stadt der Drachenader

Solltest du zu früh aufwachen horch danach.
Eine Art invertiertes Pfeifen ein Klingen aus Klängen.
Das entnommen wurde doch von wo?
Von Bergen aber.
Nachts müssen sie es.
Zurückgeben so wie.
Deine Nachtträume.
Wasserhähne sind die gegen.
Die.
Zeit.
Tropfen.

Emilystadt

»Kostbarkeiten im Kämmerlein.«
Geht ihr als Wendung nicht aus.
Dem Sinn seit du mein Erz.
Gingst was blieb.
Schnee oder eine Bibliothek.
Oder eine Engelsbande.
Mit einer Botschaft hat.
Nicht diese.
Bedeutung für.
Sie.

Wolfstadt

Lass Tiger.
Sie töten lass Bären.
Sie töten lass Bandwürmer und Spulwürmer und Herzwürmer.
Sie töten lass sie.
Sich gegenseitig töten lass Stachelschweinspulen.
Sie töten lass Lachsvergiftung.
Sie töten lass sie sich die Zunge an einem Gebein schneiden und.
Zu Tode bluten lass sie.
Gefrieren lass Adler.
Sie schnappen solang sie jung sind lass ein vom Wind ins Innenohr.
Gewehtes Saatkorn ihr Gleichgewicht
zerstören lass sie.
Sehr gute Ohren haben ja lass sie.
Hochoben eine Wolke.
Vorbeiziehen hören.

Entgegenwärtigungsstadt

Ich hörte dich hinter mir her.
Wie ein Löwe über Fahnenstangen und.
Einmal spürte ich die ganze Straße entlang.
Die Gebäude wanken und ich.
Kauerte mich klein auf die Hacken.
Mitten im Raum.
Und starrte.
Dann öffnete sich meine Wundnaht.
Und du gingst vorüber.

Septemberstadt

Manchmal fürchte ich dass.
Der Klang der Zikaden.
Draußen in der schwarzen Zone meinen Kopf zerquetscht.
Platt wie ein Stück Papier wird man von mir.
Eines Nachts dennoch das normale Weitermachen.
Erwarten.
Etwa das Flicken der Fenster.
Tür hinter der sich mein Bruder.
Vor der Polizei versteckt.

Erinnerungsstadt

In jeder von euch die ich mir ausmale.
Stoße ich.
Auf eine Lagerstätte mit radioaktivem Material.
Meinst du 8 Meilen tief ist genug?
15 Meilen?
140 Meilen?

Glücksstadt

Beim Schaufeln einer Grube um.
Sein Kind lebendig zu begraben.
Um seiner betagten Mutter Essen kaufen zu können.
Stieß ein Mann eines Tages.
Auf Gold.

Stadt des Todes

Heute bei jedem Innehalten.
Sein Getöse.

Stadt der Erkundung von Gottes Liebe

Ich hatte einen Fehler gemacht.
Vor heute.
Jetzt steht mein Koffer bereit.
Zwei hartgekochte Eier.
Für die Reise habe ich.
Dahin gepackt wo.
Meine Augen waren.
Wie ein Strom.
Der einen Zweig mit sich führt.
Machte das Schluchzen mich.
Dir hörbar.

Puschkinstadt

Es gibt Regeln.
Und Liebe.
Und die erste Regel ist.
Die Liebe zur Fügung.
Einige deiner Worte sind dort wahrscheinlich Erz wert.
Oder werden es sein wenn unsere Augen erst Glut sind.

Stadt am Weg durch Gottes Haine

Sag.
Sahst du je.
Jeder Baum ein Wort einst eine.
Wolke über Bolivien.
Berge duckten sich einst in einem.
Alten Güterwagen das Wort für Gottes.
Haine.

Stadt des Mannes im Kopf zur Nacht

Fünfundzwanzig.
Vor vier ein.
Schwarzes.
Bimmeln des Mondes äst.
Schlägt.
Etwas.
Aus der Klinge.
Der Nacht ein.
Schälen.

Stadt des Geräuschs eines brechenden Zweigs

Ihre Gesichter sind Messer dachte ich.
Wie sie mir entgegensahen.
Und warteten.
Ein Jäger ist einer der so scharf.
Auf seine Beute lauscht dass sie ihm die Waffe.
Aus der Hand rauft und sich.
Pfählt.

Liebesstadt

Sie rannte hinein.
Feuchter Mais.
Güldene Tresse.
Ihren Rücken hinab.

Stadt des Sündentods

Was ist Sünde?
Fragtest du.
Der Mond stach vorüber.
Da sah ich dich plötzlich.
Die Sünde fallen lassen und davonziehen.
Schwarz wie Wind über Wäldern.

Eine Stadt von der ich hörte

»Mitten im Nirgendwo.«
Wo.
Wäre das?
Seelenruhig.
Hüpft ein Hase.
Vorüber.
Nichts.
Im Ofen.

Wüstenstadt

Als der Weise zurückkam.
Aus der Wüste.
Richtete er die Schüler wieder auf wie Spatzen.
Auf einer Wäscheleine.
Einige waren in Verzweiflung gefallen was ihn verwirrte.
In der Wüste.
Wo er sein Herz buk.
Gab es weder Schatten noch Auf und Abs nichts erinnerte daran.
Wie sehr sie ihn brauchten ein Junge starb.
In seinen Armen.
Es kostet viel dachte er.
Zurückzukommen.
Er begann sich einzurichten.
In all dem Zugerichteten.
Dieser Welt ein Feuer loderte.
In ihm auf seine Knochen längst in Auflösung und so sah er.
Vor sich.
Nur Warten.
Das Warten selbst.

Hölderlinstadt

Du bist verrückt alleine zu trauern.
Mit den ausgetrockneten Brunnen.
Sternenlicht tiefunten am Grund.
Wie ein Klangteilchen.
Requisiten sausen vorüber.

Stadt der Mittagssäule

Midi.
Midi.
Midi.
Midi.
Midi.

Greta-Garbo-Stadt

Als mein Idol ging brach es.
Mir den Rücken brach es mir das Bein brach es.
Wolken vom Himmel brach es.
Klänge ich lauschte.
Lausche noch.

Stadt der ungleichen Liebe (Aber jede Liebe ist ungleich)

Hätte er mich geliebt hätte er gesehen wie ich.
Im oberen Stockwerk mit der Stirn gegen das Glas wummerte.

Stadt der Exhumierung

Alte Mutterfinger gleiten durchs Dunkel herab.
Mich herauszureißen meine kleine trockene Seele mein.
Kleines breites Grinsen das sich.
Am Hinterkopf trifft.

Stadt-auf-der-Walz

Es gibt keinen Gott außer.
Gott unterwegs zu Gottes.
Abendgang im Laub.
Getöse in Schauderwäldern.
Im sich bräunenden Mais mit Herzen.
Aus Gold als brächen sie bald.

Thomasstadt

Nie kam ihm ein Gedanke Hand.
In Hand doch dieser andere.
Folgte.

Ein-Mann-Stadt

Magritte-Wetter heute sagte Max.
Ernst und schlug den Kopf an einen Findling.

Toleranzstadt

Goldtasse 1 Frau 2.
Goldschale 1 Frau 1.
Goldschale 1 Frau 1.
Goldtasse 1 Frau 1
Goldbecher 1 Mann 1.
Goldschale 1 Mann 1.
Goldtasse 1 Frau 1.
Goldtasse 1.

Judasstadt

Keine späte Stunde keine unbeleuchtete Ecke.
Keine Olivenbäume keine Schlösser kein Herz.
Kein Mond kein Unterholz.
Kein Brösel kein Ich.

Brautstadt

So schwarz dahängend im Tageslicht.
Ein Übermantel mit niemandem.
Darin wartete eines hellkalten.
Mittags der Herausforderer auf mich.

Stadt des kleinen Bissens

Wie weiß ich ohne Pfeile?
Ob ich ins Ziel.
Traf sagte er und lachte von einem Ohr.
Zur Schnitt.
Stelle der Bogensehne.

Freudstadt

Teufel sag ich bin ein unverortetes.
Fenster meines Selbst Teufel.
Sag niemand soll.
Dort sitzen niemand mache.
Das Licht an Teufel.
Sag einen einzigen Lichtstrahl.
Von außen mach den Trick mach.
Den Trick Teufel.
Sag riech das Teufel sag.
Rohe Knochen Teufel sag der Geist.
Ist ein fremder Gast ich sag.
Teufel überlebte Innenteufel.

Stadt meines Abschieds

Schau wie diese tausend blauen tausend weißen.
Tausend blauen tausend weißen tausend.
Blauen tausend weißen tausend blauen tausend.
Weißen tausend blauen Winde und zwei Arme heute.
Durch die Straße fegen.

INHALT

Der vorliegende Band versammelt die erste Hälfte des bei Vintage Contemporary erschienen Bandes Anne Carson, *Plainwater, Essays and Poetry* aus dem Jahr 1995. Die *Kurzen Reden* wurden für die vorliegende deutsche Ausgabe nicht nach der *Plainwater*-Fassung (31 Reden) übersetzt, sondern nach der Sonderpublikation *Short Talks* (44 Reden, Brick Books, 1992). Das Langgedicht *Canicula di Anna* wurde erstmals 1984 in *Grand Street* abgedruckt. Ben Sonnenberg, dem *Plainwater* gewidmet ist, war der Gründer und langjährige Leiter dieser Zeitschrift.
Neben den vier hier abgedruckten Teilen enthält *Plainwater* einen zweiten Teil, der bereits 2017 unter dem Titel *Anthropologie des Wassers* auf deutsch erschienen ist. Für wissendes Mitdenken dankt die Übersetzerin Ellen Hinsey, Barbara Köhler, Thomas Poiss, Sigrid Ruschmeier und Andrea Skrima.

Sechs der *Short Talks*, der *Kurzen Reden*, erscheinen als *Einige Worte über* in Anne Carson, *Dreizehn Blickwinkel auf Einige Worte. Berliner Rede zur Poesie 2020*, Wallstein Verlag, Ü: Anja Utler.

Die Übersetzung aus Platons *Phaidros* auf S. 94 stammt von Friedrich Schleiermacher, die des *Tao Te King* auf S. 99 von Günther Debon.

Erste Auflage Berlin 2020

Göhrener Str. 7 | 10437 Berlin
info@matthes-seitz-berlin.de

Lektorat: Daniela Seel, Berlin
Satz: Michael Rosenlehner, Berlin
Druck und Bindung: Pustet, Regensburg
Umschlaggestaltung unter Verwendung eines Bildes
von Nanne Meyer, Berlin, aus der Serie *Zinnober*
ISBN 978-3-95757-962-1
www.matthes-seitz-berlin.de